U0109920

世界宗教大觀

陳國典 著

自序

　　我從民國六十年開始，由教育界轉換跑道而跨進旅遊業界，專任為外語觀光導遊。於是經常帶著外國來臺的觀光旅客，全台灣走透透，到處遊山玩水，參觀名勝古蹟。在臺北市內觀光時，幾乎都會到艋舺（萬華）龍山寺、地藏庵、青山宮及清水巖祖師廟，到大稻埕參觀霞海城隍廟，到大龍峒參觀孔子廟、保安宮等。從台灣頭到台灣尾，山頭嶺尾，街頭巷尾，都有寺廟祠堂，都有教會神壇，處處凸顯台灣宗教世界的森羅萬象，在在呈現台灣宗教信仰的蓬勃發展。導遊帶旅客到這些寺廟參觀時，就需要向觀光客介紹我國人的宗教信仰，於是我便開始翻書研究宗教了。

　　二年後又兼任旅行社的領隊。帶領旅行團出國觀光，也必須要先了解外國當地人民的宗教信仰和禁忌（taboo）等事。因為國人看到了基督教的教會、教堂（Churches），伊斯蘭教的清真寺院（Mosque），神道教神社（Shrine）的鳥居（Torii），佛教、道教的寺廟（Temple）、精舍等，客人也會問領隊的。假如領隊對當地外國人民所信仰的宗教不了解，那就不夠資格當觀光領隊人員了。

　　觀光導遊和領隊，對宗教應該如何介紹呢？首先自己必須要研究宗教是什麼？台灣有那些宗教？這些宗教從那裡傳過來的？崇拜的主神是什麼神？該教的教主是誰？當初如何創教？如何傳教？教義是甚

麼？守誡修行、教規教條是什麼？有何聖經或經典？崇拜、祈禱、祭祀的儀式如何？教團組織又如何？它對信徒的人生觀、人民的生活和社會文化有何影響等等。

宗教是神聖的、嚴肅的、神祕的、複雜的。介紹宗教必須以嚴肅而恭敬的態度來介紹，絕對不可以用輕浮蔑視的語氣去批評或做比較。必須隨時謹記：觀光客信仰各種宗教的人都有。批評是絕無好處的，別惹客人生氣。宗教信仰是自由的，不管人家要拜石頭公或大樹公，必須要尊重人家的信仰，千萬不能批評宗教。人在法律上和基本人權上都是平等的；我們對待人一律平等，一視同仁，我們看待任何宗教的神明，也應該一律平等「一視同神」。至於所謂世界三大宗教──佛教、基督教、伊斯蘭教，這是因為這三個宗教的創教歷史悠久，教團組織龐大，信徒人數眾多而跨越各種族與不同國家、國境，是世界的宗教，所以才被尊稱為世界三大宗教。

導遊、領隊需要了解宗教，於是我在教觀光科系教學生時，都會叫他們在課外要自己研究一些宗教的概要。在為新進導遊或為老導遊做導遊實務研討會時，大家也都感到有需要研究宗教。基於工作上的需要，於是我在觀光導遊雜誌會刊上，發表了十幾篇主要宗教的概要簡介，提供給導遊同仁做參考。有些同仁甚至認為：不單是導遊和領隊有需要了解宗教，社會上的人對正信的宗教，也該有所正見（正確的見識）的需要，甚至建議筆者再寫詳細些。不過筆者以為：簡介以點到為止便夠。我只引導「入門」，讓讀者宏觀觀看並了解概況便夠了。讀者看官若想要再進一步「登堂入室」的話，敬請另闢蹊徑，另尋高明神聖人員，拜師修道吧。

　　撰寫各宗教簡介時，秉持各宗教一律平等之原則，惟對於歷史悠久、沿革較多、信徒較多、影響也較多的主要大宗教，著墨可能較多，這些事屬實際需要及篇幅所限，情非得已，敬請察諒。又，各宗教的經典聖書太多，傳教歷史人物及神聖靈異事蹟太多，在學校教十六年書，也沒教過宗教的課程。我不是佛教的僧伽（不是比丘或優婆塞），不是道教的道士，也不是天主教的神父或基督教的牧師。更不是伊斯蘭的阿訇、猶太教的拉比（rabbi）、印度教的上師（guru）或一貫道的傳道師等宗教的神職人員。我不是宗教家，也不是宗教學家，但卻竟然撰寫「世界宗教簡介」這種屬於形而上學的篇章。為此而遺漏之事在所難免。本書倉促編成，如有謬誤之處，敬請宗教界先進人士暨社會大眾海涵賜諒，並請不吝指正。

　　本簡介對讀者了解宗教若有所助益，即幸甚矣！

編著者　謹識

2005 年 7 月 20 日於臺北

目次

世界宗教

佛教（**Buddhism**）

佛教是世界三大宗教之一，起源於西元前約 600 年至前 500 年間。地點在古印度北方迦毗羅衛國（今之尼泊爾南部比拍羅婆（Piprava）與印度毗鄰處）。創始者是釋迦牟尼，台灣民間俗稱「釋迦佛祖」或簡稱「佛祖」。

釋迦牟尼是梵文 Sakyamuni 的音譯。釋迦是個部落名稱，也是他家庭所屬的族名。釋迦牟尼的意思就是「能仁、能忍、能儒、能寂」，是「釋迦族的聖人」的尊稱。釋迦牟尼的全名是 Gautama Siddhartha，本姓是「喬答摩」，名字是「悉達多」。喬答摩舊譯「瞿曇」。他的誕生年代有幾種異說，中國學者多認為是西元前 565 或 566 年左右，入滅於西元前 486 年。大體上與孔子（西元前 551～479）同時代。

釋迦牟尼的父親是迦毗羅衛國（Kapila-Vastu）的國王淨飯王，說是國王，比較正確的說，應該說是一位封建的諸侯。領有的土地城池長二十里，寬十六里的小城邦的城主。他的母親摩耶夫人，在分娩後七天便不幸而去世，悉達多便由姨母摩訶波闍波提養育。

大約在十六、七歲時他娶了表妹覺善王女耶輸多羅（Yasodhara）為妃，後來生下兒子羅睺羅（Rahula）。

喬達摩悉達多身為太子，居城內宮殿裡，每天都有諸多美女陪伴，每日都是錦衣玉食的生活，但卻懷疑人生的意義。某日出東門，遇到一位白髮皺皮體弱的佝僂老人。馭者告以人老皆會如此。某日出南門，途中見到病人奄奄一息，倒在污穢泥中，深感

人生的悲哀。又一日出西門，看到路旁有橫死的屍體，慄然而歸返城內。最後，改走出北門，見沙門著赤衣，托缽而徐行。太子下車和沙門對談，鑑於人世間有生老病死的苦難。遂決心自己也要出家求道。

在他二十九歲那年的某一天晚上，等到王妃和王子入睡後，祕密地命令從僕御車出城，他毅然拋棄王室舒適的生活。到了靈山後，換穿僕人的衣服，把寶冠錦衣愛馬及僕人等退還宮殿裡。他的父親淨飯王聞訊後至為悲憫，遂選派阿若憍陳如等五人，做為太子悉達多的隨從。

出家後，他在山林中拜了婆羅門教兩位仙人——阿羅邏和迦蘭為師，嚴謹地修了六年苦行，雖然學到了禪定功夫，但卻無法得到解脫。於是他放棄了修苦行的方法，而改採其他方法。三十五歲的某日，他在柏提納城（Patna）南方伽耶（Gaya）地方，坐在一棵畢缽羅樹（菩提樹）下，結跏趺坐，進入了禪定境界，經過了七天七夜的冥思苦想，最後終於豁然開朗，覺悟成道，了悟人生本質，獲得了真正的解脫。

悉達多太子已經成為釋迦族的聖人——成為釋迦牟尼佛。佛陀招了從前同行共修的五位沙門到鹿野苑來說教，五人聞道而佩服得五體投地，遂皈依了佛教，成為佛陀最初的弟子。這個說教，即所謂的「初轉法輪」。從此以後，佛陀開始了長達四十五年之久的傳教生活，且度化了無數沙門弟子，其中最偉大而且能協助推展佛教教務的有十位弟子。

據維摩詰經弟子品記載佛陀的十大弟子名字如下：

一、舍利佛：智慧第一高

二、目犍連（目連）：神通力第一強

三、摩訶迦葉（迦葉）：大迦葉

四、須菩提

五、富樓那

六、摩訶迦旃延（迦旃延）

七、阿那律（阿那律陀）

八、優波離（優婆離）

九、羅睺羅

十、阿難陀（阿難）

釋迦牟尼在傳教的時候，曾經得到很多王族和富豪給予很大的支持，信徒在各種姓和階層都有。他最初只收男弟子（比丘，即和尚），後來他的姨媽（也是養母）波闍婆提也要皈依入教，才收納女弟子（比丘尼，即尼姑）。

起初，僧尼（僧伽，傳教組織）多在北印度雲遊四方，並無固定住處，後來為了適應雨季的安居和集會傳教方便，才建立了寺院，並制定了僧伽沙門共同遵守的戒律。

釋迦佛曾經遭遇釋迦族被滅亡，弟子的死，還有婆羅門教徒的誹謗中傷等，但卻仍然不斷地傳教。

釋迦牟尼八十歲時，在摩揭陀國，漸次東行時，適逢吠舍離城附近飢饉，乃繼續經北進入波旬國，受華氏之子淳陀供養。有一天，在鐵匠肯達（Cunda）家中吃了豬肉乾而下痢瀉肚子。向拘尸那羅走，途經拘遺河，口頻乾渴，水濁而不能飲。次至跋提河，釋迦解衣沐浴畢，在河邊的娑羅雙樹下，在入滅之前，不但不怪施主肯達，還請人去轉達說：「感謝施主給他一生中最大幸福的二次好餐之一。」他頭朝北方，面向西方，右脅而臥，臨終

前，他還告誡弟子們要依法精進修行。半夜圓寂，解脫而入涅槃（二月十五日）。

釋迦入滅後，遺體付之「荼毘」火化，佛舍利（遺骨）被信徒視為聖物，當時有八國使者索討回去，並建塔供奉。據說：佛舍利在分給八國使者之前，有一弟子「暗槓」留存二份。釋迦遂成為覺者（智者）。佛的經過，大體如此，原本並不神祕。釋迦牟尼在生前，反對祭祀，也不拜偶像。他重視自我修養和自我完整，依法修行。然而，由於宗教的需要，佛教徒卻不停地把佛陀神聖化、偶像化，甚至把釋迦牟尼佛披上神異的色彩，終於造成了所謂的「八相成道」。

八相成道

八相成道也叫「八相示現」，又簡稱為「八相」，是佛教在講述釋迦牟尼佛一生的八個階段。這是佛教教主如來佛的神話故事，與歷史人物「喬答摩・悉達多」不同。八相成道的內容如下：

下天：說佛陀是乘坐白象，從兜率天降下人間的。

入胎：說佛陀乘白象由摩耶夫人右脅入胎（投胎）。

住胎：說佛陀在母胎中，行住坐臥一如在天上，並在一天六時為諸天說法。

出胎：四月八日自摩耶夫人右脅降生。出生落土便能走路，東西南北各走七步，步步生蓮花。一手指天，一手指地，並且說道：「天上天下，惟我獨尊。」同時，龍噴香雨，沐浴佛身。佛誕日為「浴佛節」，即是由此而來的。

降魔：佛陀在成道前，曾經降妖伏魔，贏過誘惑擾亂。

成道：經六年苦修後，於菩提樹下，得道成佛。

轉法輪：得道後說法傳教，普渡眾生脫離苦海。

入滅：八十歲時，在婆羅雙樹下涅槃入滅。

佛教除了「八相成道」之外，還有「佛本生故事」。也叫做「佛本生經」，是說釋迦佛祖生前的故事。這些故事，其實大多是古代印度民間流傳的寓言、童話所改編而成。佛本生故事的數量很多，在漢譯大藏經裡就有很多是佛本生的故事。在這些經中，有很多是在宣揚世法平等、眾生皆可成佛的理論（佛教則反對婆羅門教的「種姓」階級的不平等）。

佛教經典的結集

佛教經典極為浩瀚，人終其一生也無法遍覽。釋迦牟尼佛的教說，在他生前傳教佈道四十五年，都是使用語言傳播的。釋尊的弟子在各地傳教時，也都是用記憶、暗記而傳播出去的。

釋迦佛在逝世入滅以後，弟子們為了完整無損的保存並留傳釋尊的教說，於是眾弟子們和僧侶們便集合在一起研究，各自追思回憶釋尊的說法，以繼承佛祖正確的教法。「如是我聞」（我聽釋尊是這麼說的）便順理成章的成為問題的提綱了。初期「結集」，編集經典會議，據說有五百人，所以第一結集又曰五百集法，是在王舍城窟內集結，是由大迦葉為上座主持，阿難、優婆離等相助，暗誦佛法。第二回集結是釋尊入滅後已滿百餘年，僧侶有七百人，故曰七百集結。第三回結集於入滅後二百年後。最古老的佛教典籍，原始佛教經典，終於結集成章。「法句經」（Dhammapara），「般若心經」、「法華經」、「無量壽經」、

「阿彌陀經」等，都是初期的大乘佛教經典。教義歸根結底只有兩個字：「空」與「苦」。

經過兩百年後，亦即在第三次結集時，有比丘大天者不服以前上座部的說法，爭論分成兩派。固守以前傳統說法者稱為「上座部佛教」，也就是原始佛教的「小乘佛教」（Hinayana）。追隨比丘大天說法者稱之為「大眾部佛教」，也叫做「大乘佛教」（Mahayana）。上座部小乘佛教，又叫南傳佛教或錫蘭佛教。大眾部大乘佛教，就是北傳佛教，又叫印度大乘佛教。傳到中國、朝鮮、日本的佛教，都是大乘佛教。「乘」就是指佛法要超度佛教徒到達「彼岸」的乘載物——交通工具，筏或船。

佛陀入滅六百年後，馬鳴菩薩出而著「起依論」，大乘興隆。第七百年，出現龍樹菩薩，著「大智度論、中論、十二門論」等，被稱譽為「釋迦牟尼第二」。

上座部（小乘）二十部分裂，被婆羅門教所乘而衰退。大眾部（大乘）也在興盛三百年後，因為「有」、「空」二宗內鬥，再有大乘佛教與小乘佛教如火如荼的猛烈爭鬥，致使婆羅門教乘機復興，佛教遂漸不振。再加以回回教的軍隊侵入印度，佛教無力反抗·只有開城投降之一途。從此，曾經興盛於印度的佛教，竟然煙消雲散，現在只有印度南部孤島的錫蘭（今之斯利蘭卡）和北部的尼泊爾，還存留一些小乘佛教而已。在印度國內竟然找不到佛教了。

佛教的教義

佛教，以明心見性，得無上正覺，普度眾生為宗旨。佛教的教說（Buddha Sasana），佛祖所證得，所了知的法界內容真理，即是

佛法（Buddha Dharma）。信仰佛陀的說理，遵守佛陀的教律，實踐佛陀的教法，便是修成佛陀的本體──佛道（Buddha Marga）。

　　佛教的綱領：「諸惡莫作，眾善奉行，自淨其意，是諸佛教。」佛教的經典書籍，極其浩瀚，任誰也無法遍覽。歸納起來，其所宣揚的教理教義，主要是說：四聖諦、八正道、十二因緣、色與空、因果與報應、輪迴……等內容。

　　核心部的基本教義有「四法印」，亦即「諸行無常、諸法無我、涅槃寂靜、一切皆苦」。佛說：妨礙正確判斷的基本煩惱，謂之「三毒」，或說「三害」。亦即：「貪欲」、「瞋恚」、「愚癡」是也。略稱為：貪、瞋、癡。

四聖諦

四聖諦：略稱四諦，是四項真理（Four Noble Truths），四諦是：
　　　　苦諦、集諦、滅諦、道諦。

苦　諦：講人生之苦，共有八苦。「生、老、病、死」四苦是屬
　　　　於肉體的。此外還有：「愛別離苦」、「怨憎會苦」、
　　　　「求不得苦」、「五盛陰苦」，這四苦是屬於精神上的
　　　　痛苦。

集　諦：是造成諸苦的原因，是「業」和「惑」。

滅　諦：是要修行，以斷絕並消除「業與惑」，以便達到「解脫」
　　　　和「涅槃」，達到佛教最高的理想境界。

道　諦：是要修行者按照「八正道」或曰「賢聖八道」去修習實
　　　　踐佛法，便可從迷界的此岸，達到悟界的彼岸，超凡入
　　　　聖，得到解脫。

八正道的內容

要斷絕四諦八苦而到達「涅槃」解脫的方法，有八個步驟：

正見（Right Views・Right Understanding）：

　　正確的見解，正確的人生觀，即佛陀的教訓。

正信（Right Intent・Right Thought），亦稱正思，或稱正思維（惟）：

　　正確的意念，對四諦道理的深思熟慮，堅持不懈。

正言（Right Speech）（或稱正語）：

　　正確的言論，不妄言、不綺語、不兩舌、不惡口，要隱惡揚善。

正行（Right Conduct・Right Action）（或稱正業）：

　　正確的行為，應行善業，不造惡業。

正生（Right Livelihood）（正命）：

　　正當的謀生，正常的生活，正規的生意、生計。

正力（Right Effort）（正精進）：

　　正確的努力，向正確的方向力求上進。

正心（Right Mindfulness）（正念）：

　　正確的思想。正確的觀念，正常和正經的心理。

正定（Right Concentration・Right Meditation）：

　　正坐、正修、禪定、入定的統一精神，做冥想、默想、考察、熟慮。

八正道的內容屬於四聖諦中的道諦，就是滅苦的道路，和達到涅槃境界的方法。釋迦牟尼說，如果按照這八種方法去修行（按此八條正道的方法去修行），就可進入涅槃。

十二因緣

無明：十二因緣緣起之首，無明，即根本之無知，故又曰
　　　「痴」，是一切苦之起因也。

行　：潛在的形成力。是為「無明緣行」，引起向相應處
　　　所投生。

識　：識之因在行。識別作用，投胎時的心識。

名色：名即精神，色為形體。名色來自識，識是名色之緣。

六處：眼、耳、鼻、舌、身、意（心）六種感官感覺，又
　　　曰「六入」。

觸　：觸之因是六入（六處），出生後接觸到外界的事物。

受　：受之因是觸，因而產生苦、樂、不苦、不樂之感受。

愛　：愛之因是受。受是愛之緣。妄執心身苦樂之感受。

取　：取之因是愛。愛欲令人執著。愛是取之緣。

有　：有之因是取。取是有之緣。追求索取享樂的東西。

生　：生之因是有。有是生之緣。生是人生的開端。

老死：老死之因是生。生是老死之緣。老死是人生的終結。

佛教的「死後的世界」：六道輪迴

　　佛教將現世的苦諦世界分成六個世界，這六個世界稱為「六
道世界」。人在死後，將會以生前為善為惡的「業」，「因果報
應」而判定「輪迴轉生」。六道世界即轉世再生的世界如下：

天道（有異於極樂，是有迷亦有壽命的世界）。

人間道（說「十八年後又是一條好漢」即據此而言，指「輪
　　　　迴轉生」為人，一切仍然是苦的世界）。

修羅道（或稱阿修羅道，將有爭鬥流血不斷之苦）。

畜生道（會轉投生為禽獸動物等）。

餓鬼道（死後無人供養奉祀而成餓鬼……）。

地獄道（俗稱「阿鼻地獄」，有八大熱、八大寒世界）。

若是被判定輪迴到餓鬼道或地獄道的都是罪大惡極的，即將是「萬年不能超生」的。

人若在生前行善（做好事）而不為惡（不做壞事），並且有修行而得到正果時，就可以不再度輪迴之苦，就可以解脫而往極樂淨土。在原始佛教和小乘佛教裡，對於涅槃、解脫、輪迴等的說法，與後來的大眾部佛教（即大乘佛教）的說法，略有不同。

大乘佛教的信徒說，只要信神信佛，不斷的唱念「南無阿彌陀佛」，或者不斷的口念「南無觀世音菩薩」，佛陀和菩薩便會來迎接他們到極樂世界，亦即「往生極樂世界」之謂也。台灣的道教在這方面也受到很大很深的影響，幾乎是「佛道不分」。台灣一般寺廟宮觀的僧侶道士也常說，他們是「佛道雙修」的。台灣自清朝、日本時代以至現在，除了基督教、回教的信徒，還有無神論者、科學家和高級知識分子以外，在一般百姓人家，幾乎也都是「佛、道」皆信奉，甚至是「儒、釋、道」三教都祭拜的。雖非百分之百，或許有十之七八是如此的。

佛教的十戒：（戒是一切修行基礎）

一、戒殺生　　或曰：一、不殺生

二、戒偷盜　　　　　二、不偷盜

三、戒邪淫　　　　　三、不邪淫

四、戒妄語	四、不妄語
五、戒兩舌	五、不兩舌
六、戒惡口	六、不惡口
七、戒綺語	七、不綺語
八、戒貪欲	八、不貪欲
九、戒瞋恚	九、不瞋恚
十、戒邪見	十、不邪見

佛教的信仰

佛教的信仰是以「三寶」為依歸，三寶可謂教義的總綱。三寶是佛陀（Buddha）、達摩（Dharma）、僧伽（Samgha）。簡稱為「佛、法、僧」三寶。佛是教主，法是教義，僧是教徒（教團）。「佛依法攝僧」，故三寶以法為中心。

佛不是神，祂從未宣稱自己有創造宇宙或獎懲人類的事。佛自謙稱自己為僧眾之一，而不以教皇或教主自居。祂證覺以後，為普度眾生脫離苦海，所以繼續教化四十五年，並將住持正法的責任交給僧伽；佛弟子因而特別尊稱釋伽牟尼佛為「本師」。佛說任何人若依佛法所教示的方法而努力修練，都可以成佛，「一切眾生悉有佛性」也就是說「一切眾生皆有可能成佛」也。可見佛教是持平等觀念的。

歐美宗教學者在說佛教時，通常都按原始佛教單指「釋伽牟尼佛」為佛陀。但是後世的佛教，尤其是大乘佛教，佛陀有「過去佛、現世佛、未來佛」之分。以三世為「應身佛」，大日如來佛為「法身佛」，阿彌陀佛為「報身佛」。阿彌陀佛為佛教「西方極樂世界教主」，藥師琉璃光如來佛為「東方淨琉璃世界教

主」。繼釋伽牟尼佛之後，彌勒佛被視為是佛教的「未來佛」。

佛陀的弟子有出家與在家的區別，出家的男眾叫「比丘」，出家的女眾叫「比丘尼」，在家的男眾叫「優婆塞」，女眾叫「優婆夷」，合稱四眾弟子。

台灣現有佛教寺院四千多所，僧尼有九千餘人，信眾達四百五十萬人以上。

※　台灣佛教協會統計：（2005 年底止）出家眾約二萬人。1995年比丘（和尚）佔 33.33%，1/3；比丘尼（尼姑）66.66%，2/3。2005 年尼姑佔 75%，3/4；和尚佔，1/4。2006 年止佛光山僧尼合計 1300 人，其中和尚僅 260 名，佔全體 20%，1/5；尼姑 1040 名，佔 80%，4/5。（日本朝日新聞來台採訪報導，2007 年 5 月 4 日，13 版）

補記：

關於釋迦牟尼佛的生平：

在早期佛教經典書籍中，並無佛教創始人生平的完整紀錄。釋迦牟尼佛的主要事蹟，都散見於佛教各部派後來編成的經律中，且多與神話交織在一起，須要剔除虛構神話，才能還原成較為可信的史實。例如：喬達摩悉達多身為太子，有妻有子，為何要放棄江山與妻兒離眾出家？其動機與佛教的傳說並不一致。有傳說：「因為他看到生老病死的痛苦。」有傳說：「他看到人體的醜惡。」據考證當時社會背景，可能與他亡國的經歷有關。釋迦族的「釋種」被殺，佛陀勸阻階級種姓戰爭無效，這才是消極厭世的主因。

基督教（**Christianity**）

天主教（Roman Catholic Church）
東正教（Greek Orthodox Church）
基督教（新教，Protestant Churches）

前言

　　基督教是世界三大宗教之一，是擁有信徒最多的第一大宗教。據日本最新世界各國要覽推計，基督教的信徒，占世界人口總數的三分之一，約為 33.7%，信徒遍及歐洲、北美洲、南美洲、亞洲、非洲、澳洲及大洋洲，幾乎各主要國家都有基督教徒，傳教傳播得既廣泛又深入。據日本平凡社出版「世界大百科事典」記載：基督教信徒約為世界人口總數的 35%，甚至 40%。又載：基督教信徒集中的地域，就是世界文化最高水準的地方。相反的，基督教信徒最薄弱的地方，都是文化水準較低落的地區。基督教是世界最有影響力的宗教，他的發展也是世界史的主要動力之一，尤其是對近代西洋的歷史、政治、思想、文化、藝術等都有深遠的影響。

　　基督教的信仰是因耶穌基督（Jesus Christ）的誕生、教誨而建立的宗教，是建基於具體的事件，發生於真實的歷史上，所以基本上基督教是一種歷史的宗教。

歷史的耶穌　基督教的起源

　　於西元前四年左右，在希律（Herod）王統治下，耶穌基督出生於巴勒斯坦的一個馬廄中。祂的母親瑪利亞（Mary），是木匠約瑟夫的未婚妻。據馬太和路加二福音書記載：神的使者告知「有聖靈投胎在她身上，將於滿月之夜生產一男嬰。」產後，謹奉神的命令，將嬰兒命名為「耶穌基督」。按「耶穌」在希伯來語的原意是「天祐」、「神救」，而「基督」的意思卻是「被注油者」，意謂「天註定的」、欽命「彌賽亞」救世主之義。名字很奇特，但在新約聖書中卻另有別人與其同名者。

　　耶穌在那撒勒（Nazareth）附近長大，將近三十歲時才受洗禮於約旦河，是由預言家約翰加以洗禮的。約翰是一位宣告神即將來臨審判而震驚該地區的熱誠先知。在受洗禮時祂聽到來自天上的聲音說：「你是我的愛子，合乎我心意的人。」其後，耶穌就常到荒野去。祂看到諸天打開了，聖靈像一隻鴿子般降臨在身上。祂接受了上帝、聖靈的天啟，四十天之間，祈禱和禁食，祂克服了撒旦的誘惑，用神的聖靈驅走了魔鬼。祂做神的獨子，將自己獻給祂的天父，於是決意為神民服務，開始進行傳道的工作，這是祂剛在三十歲出頭的時候。

　　猶太人自所羅門統治下的黃金時代之後，長期遭受亡國之痛。西元前 722 年，亞述滅以色列，西元前 586 年，新巴比倫滅猶太國。直到西元一世紀，猶太人相繼受到波斯人、希臘人和羅馬人的統治。固守猶太教而民族意識強烈的猶太人忍受著痛苦而期待著救主彌賽亞早點到來。耶穌的生長和傳道的生涯，就在這種時代背景下展開的。

耶穌最初傳道的主要內容是：「時候到了，天國接近了，悔改吧！相信福音。」「趕緊悔改吧，天國接近了！」「悔改受洗者，會得到赦罪。」約翰為隨著自己身後的「有力者」的先驅而宣教，而耶穌正是那位「有力者」。耶穌在各地傳道，初期都很順利，也很能震撼人心，是史無前例的大成功。隨著傳道的進展，祂以神之子的權威，替信徒治療疾病、驅除魔鬼、分隔水流、平息風暴、令死者復活等，以顯示耶穌的神蹟。祂對被遺棄的下層人民傳播福音，分擔貧窮民眾的煩惱與痛苦，很受庶民的崇拜。

耶穌傳教最嚴格的倫理教訓，在〈馬太福音〉第 5～7 章的「山上的垂訓（Sermon on the mount）」耶穌說：「有誰打你右邊面頰，你把另一邊也轉向他。」「愛你的敵人。……為迫害你的人祈禱。……凡求你的，就給他。」「愛你的鄰居，就像愛你自己。……你喜歡別人怎樣對待你，你也要那樣對待別人。」耶穌還教人要彼此相愛，互助合作，要有公義，相信真理，對神謙卑……等等。

耶穌在傳教的初期，就選出耶可夫、約翰、馬太、西門（又稱彼得）、保羅、安得烈、雅各、腓力、巴多羅買、多馬、達太、奮銳黨的西門、還有出賣耶穌的猶大等十二個門徒，在派遣他們出外傳道之前，耶穌都交代他們要傳達「天國已經接近了」的福音，並教導他們傳教方法。

耶穌的信徒越聚越多，猶太教的領首學者卻對耶穌越反感。他們反對耶穌自稱謂是彌賽亞（救世主），認為這是冒瀆上帝之舉。而羅馬帝國的執政者則視耶穌自稱為猶太人之王，是天主天父之子，且一再說天國已臨近……有反抗羅馬帝國統治和叛國之

嫌，外加煽動叛亂之罪，最後，耶穌被判以頭戴荊棘冠，肩負十字架，遊街示眾，遭受鞭打，以釘十字架之酷刑而死。

耶穌生前在要進入耶路撒冷時，已有自覺將受難犧牲，於是祂和門徒共進「最後的晚宴」，以示自己的死亡，是為使相信祂的信徒得救，是為世人贖罪。耶穌死後第三日復活的消息逐漸傳開，門徒和信徒由沮喪轉為信心堅定。基督復活 40 天後即升上天堂，這些神性顯示：耶穌不是凡人，而是神的獨子。天父與耶穌及聖靈，三位一體。這些都成為基督教信仰的基本教義。

教會的成立與擴展

耶穌復活五十天的五旬節，門徒們宣告聖靈進到他們裡面，他們能以多種語言說話，門徒與信徒們的「集會」，有些基督教徒就以此為「教會」的起源。基督教在耶穌死後能夠留傳並擴展，是靠「教會」和門徒的努力「傳佈福音」所致。

當初，傳教的道理大都因襲猶太教的教義，而且信徒大都是猶太人，所以基督教常常被誤認為是猶太教的一派。然而，兩者是不相同的，初期教會已和猶太教涇渭分明。

門徒保羅將福音向非猶太人傳播，基督教的信仰迅速推廣，於是信徒逐漸遍布於羅馬帝國各地，也遍及到敘利亞和埃及等處。基督教會因為拒絕崇拜羅馬皇帝，教徒寧願殉道也不違背基督教的信仰，所以在前三世紀中，遭受長期的迫害。直到西元 313 年，君士坦丁大帝在米蘭下詔書，解除對基督教的禁限並得到認可；到西元 392 年時，成為羅馬帝國的國教。

羅馬帝國教會的成立,使教會受到羅馬帝國國法的保護,教會卻變成附從於羅馬帝國。政治與宗教的結合,可說是政、教的互相利用。宗教得到政治的幫助而發展,對宗教而言,有利亦有弊,因為宗教會失去固有的純粹性,信仰、儀式祭典、神學教義、宗教文化等都會受到影響,會受到政治權威的污染,並且會失去對權力及弊習的抵抗力。

西元六世紀以後,羅馬帝國的政治分裂成東、西兩個帝國,與帝國政治結合的基督教會,也隨著分成東、西兩個教會。西元九世紀間,君士坦丁堡的主教和羅馬教皇發生領導權的爭執,以致於西元 1054 年東、西教會最後的決裂。

教會的分立

歷史上羅馬帝國教會(Imperial Church)分成東、西兩教會,東方正統教會(Oriental Orthodox Church)簡稱為東正教。因為所屬教會都在拜占庭帝國的管轄區域,宗教生活習慣、思想文化用語等,都使用希臘語言,所以又稱為希臘正教(Greek Orthodox Church)。西方原來的教會即稱為羅馬天主教(Roman Catholic Church)。羅馬天主教會發展到西元十四世紀時,教會日漸腐化,弊病叢生,教皇又未能改革混亂與紛爭。到了西元 1517 年,馬丁路德(Martin Luther)掀起宗教改革運動,西元 1534 年,從而產生了抗議教派的新教(Protestant Churches)。所謂的新教與舊教,是對基督教而言的。在台灣的習慣上,對於舊教都稱之謂天主教,而對於新教卻稱謂「基督教」。其實,無論是東正教、天主教或新教,都相信惟一的神——真主上帝。都相信聖父、聖子、

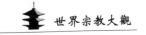

聖靈為三位一體，都用舊約和新約聖經，都是信仰並崇拜耶穌基督，所以，都屬於基督宗教。

教會分立，教會的組織也有異，茲略分述如后：

一、天主教（羅馬天主教）

（一）天主教的歷史沿革

「天主教」原來的名稱是「基督宗教」，是指耶穌基督所創立的教會。天主教的中文名稱，是明朝末年到中國傳布福音的傳教士所擬訂的。後來由於歷史的變遷，對於信仰態度不同的基督宗教——天主教、東正教、基督教（新教）的各教派，統稱為「基督徒」。

天主教建基於對耶穌基督的信仰上，而其前身乃是猶太教，因此她繼續猶太教的一神觀念和舊約聖經。最初僅在猶太人中宣傳天國的福音，教導世人要敬天愛人，走真理的道路而進入永生。耶穌升天後，祂的門徒立刻展開傳教工作，從猶太到小亞細亞，再傳到當時羅馬帝國各地，並在各地建立教會，而後使得福音傳布到世界各地。

基督徒的一神信仰和平等、博愛的主張，初期不能見容於當時的統治者羅馬帝國，屢遭迫害，殉道者不計其數。直到西元 313 年，西羅馬君士但丁大帝皈依天主教，次年與東羅馬皇帝聯合頒布「米蘭詔書」，准許信仰自由，迫害才告終止。東、西羅馬統一後，於西元 392 年時，天主教才成為羅馬帝國的國教，是為羅馬帝國政教合一的開始。

（二）天主教的組織

神職階級由主教、祭司、執事所構成。教宗就是羅馬教區的主教，由樞機主教團選出。教宗就是天主教會最高職位，教徒相信教宗代表基督，他可任命各地主教以管理各該教區。主教再任命神父，以照顧各該教區的教徒。天主教徒人數最多，約占基督教徒的 62.8%。

二、東正教（希臘正教）

東方正統教會有獨立自治的教會和非自治教會之分，但共同遵奉君士坦丁堡的主教為大主教。神品階級主要分為主教、神父、執事三級，其次要者有副祭司和誦讀員。高級神職人員只能在祝聖前結婚，一旦祝聖，則神父、執事都不得結婚，而且惟有未婚者才能膺任為主教。東正教信徒占基督教徒總數約為 13.6%。

三、新教（基督教）

新教的教會多數各自獨立自主，不像舊教教會的有統一性和隸屬性。新教的神職人員稱謂牧師，可以結婚，舊教的神父則不可以結婚。新教的教徒較為自由，且較受教會及牧師的重視。新教信徒數約占基督宗教人數的 23.6%。

新教（基督教）在台灣的主要教派有：1.長老教會、2.信義會、3.浸信會、4.衛理公會、5.聖公會、6.聖教會、7.基督復臨安息日會、8.真耶穌教會、9.神召會、10.門諾會、11.循理會、12.協同會、13.貴格會、14.拿撒勒人會、15.錫安堂、16.宣道會、17.聖潔會、18.行道會、19.教會聚會所、20.國語禮拜所、21.靈糧會、22.佈道會、23.路德會、24.基督喜信會。

基督宗教的聖經

聖經的主題，是基督啟示神的心意，是得救的鑰匙。聖經包括《希伯來聖經》、《舊約聖書》、《新約聖書》和各種福音書。

一、舊約聖書（Old Testment）

原為猶太教的聖書，有 39 卷，編撰於西元前十二世紀到西元前二世紀之間，跨越了千年才完成。內容有〈創世記〉：記載神創造世界與人類的始祖，亞當和夏娃，兩人因為違背神的約束，偷嘗禁果而背負原罪，因而被逐出伊甸園的神話故事。還有諾亞坐方舟渡過洪水劫難而信仰阿伯拉罕的故事。有摩西帶領在埃及受難的以色列人脫離苦海的〈出埃及記〉；律法與預言；巴比倫幽囚與歸還；神殿的重建；猶太教的由來；還有〈民數記〉、〈申命記〉、〈士師記〉、〈列王記〉……是神透過摩西與以色列人的啟示和救濟的契約。

二、新約聖書（New Testment）

記載耶穌及十二門徒傳教的事蹟和神跡。約自西元 50 年到 150 年之間，經過百年以上才寫成的。共有 27 卷；有〈馬太〉、〈馬可〉、〈路加〉、〈約翰〉等四部福音書。記載耶穌傳教時的神蹟，例如：為信徒治療不治之症；能行走於水面上；使死者復活；將水變成美酒；用五餅二魚餵飽數千人……聖餐奉獻的酒和餅，是象徵耶穌的血和肉，領受聖餐的信徒能自體內蛻變轉化而得到拯救。

基督教的律法與行事

舊約聖書中定有律法，是將神的託言撰集而成的。主要是指摩西的十誡。十誡的內容要約如下：1. 信仰惟一的神天父上帝（不得信奉他神）。2. 禁止崇拜偶像（不可造偶像）。3. 不得妄稱上帝之名。4. 謹守安息日。5. 要孝敬父母親。6. 勿殺人。7. 勿姦淫。8. 勿偷盜。9. 勿偽證。10. 勿貪他人財物。以上十誡原自猶太教，但基督教也同樣要求遵守這十誡（伊斯蘭教也挪用這十誡）。

基督教徒在日常生活中，每天早晚都要做禮拜的，按指定的地方讀聖經，吃飯前要向神感恩和祈禱。星期日為主日，當天工作要休息而到教會去做禮拜。年中的節日有：四旬節、復活節、升天日、聖靈降臨日、聖誕節、情人節等。還有人生節日的七聖事（sacramento），接受神恩的儀式，「新教」指洗禮和聖餐，「天主教」即指：1. 洗禮（聖洗）、2. 堅信（堅振）、3. 聖體（聖餐）、4. 告解（懺悔）、5. 終油（敷油）、6. 敘階（神品）、7. 婚姻（證婚）等七項祕蹟。天主教會的中心聖禮是望彌撒（Mass 此字源出自拉丁文 missa），是聖餐禮。聖餐所吃的是麵包和葡萄酒，是象徵主耶穌的肉和血，以此表示神赦免你的罪和授與你永遠的生命。

結婚是神所訂的，是受祝福的。舊約聖經創世記說：「生吧，多生些，生滿大地。」結婚時受祝福的，離婚時天主教是極為嚴格的。英國國王亨利八世要離婚，教皇不准，以致使英國教會才脫離羅馬天主教而獨立出來。

天主教認為生孩子是神決定的，所以他們反對限制生產，既不准墮胎，也反對人工體外受精。又，自殺比殺人罪更大，因為他殺者只是殺了人的肉體，自殺卻是把神給的靈魂也殺了，這是嚴重地侵犯了神權的。

後語

當今的基督教出現了許多變化，教派已經逾越兩萬一千多個不同的派別，信仰表達方式多元化，例如：非洲某些基督教會在儀式中擊鼓與舞蹈，非洲與拉丁美洲發展出「解放神學」，為挑戰教會父權制而提倡「女權神學」，還有「合一運動」，促進各不同宗教派別聯誼，另有「福音傳道」、「神恩經驗」、「神恩復興」和「神恩運動」等。更有「聖神同禱會（Pentecostalism）」，據估計該會信友高達四、五千萬人[1]，是所有基督教派中發展最迅速的，際此科技發展瞬息萬變的時代，各宗教派別將會有何種變化？請拭目以待。Hallelujah！阿門！

---

[1] 《二十一世紀宗教》，貓頭鷹出版社和世界宗教博物館合作出版，城鄉文化公司發行，1999年初版，頁94。

伊斯蘭教（Islamism）

伊斯蘭教產生的時空社會背景

　　伊斯蘭教（又稱回教）產生於西元七世紀初的阿拉伯半島，當時在阿拉伯半島的大部分地區，大多數氏族都過著遊牧生活，在乾曠草原和沙漠中逐水而居。由於牧草和食物的稀少，在艱苦的自然條件下，雖是同宗部落，因為小牧羊群分散居住，為了爭奪草原與水源，部落之間經常發生仇殺和戰爭。大約在西元五世紀末到七世紀初，部落間的劫掠和血族復仇戰爭，頻繁又殘酷，給社會造成了災難，穆斯林（Muslims）史稱「矇昧時期」。

　　阿拉伯人原有的部落宗教，主要是集體的崇拜儀式，而不是個人的信仰，以一塊「聖石」做為神的象徵，以「獻祭」做為儀式的核心。聖石常常用作祭壇，儀式的高潮是圍繞聖地列隊行進的朝拜活動，分食獻祭牲禮、駱駝或羊肉。他們相信某種超人的力量控制著自然界，對於自然力的恐懼和敬畏，精靈觀念的人格化便產生了神聖的概念。到了六世紀時，麥加（Mecca）地方最受崇拜的神靈是「阿拉（Allah）女兒」的三女神。（1）拉特（Lātl，女神）祭壇是一塊方形的白石，尊名是「女主宰」。（2）歐扎（Uzzā，大能者）祭壇由三棵樹組成。（3）曼那（Manāt，命運）祭壇在麥加和麥地那（Medina）之間，是命運和時間的女神。在麥加的崇拜中心卡巴（又譯：克爾白 Ka'ba，天房，廟中供奉一塊黑石頭）是一座立方體的建築，被認為是「阿拉的住所」。最顯赫的神靈「胡伯勒」是從敘利

25

亞輸入的真正偶像，被用來替代原來受崇拜的那個神（alliah）。這些神靈的出現，實質上已顯示了社會宗教意識正在向多神教發展。

在伊斯蘭教興起以前，阿拉伯人一些有識之士對氏族制度和部落宗教，習俗和道德觀念等，產生懷疑或否定。受到猶太教和基督教的一神教義觀念的影響，至少在麥加已有人認為：「阿拉是造物主，是唯一神靈，是最高的養育者，是至上神……」但是，能為廣大阿拉伯人信奉的新宗教，必須是能擔負起社會改革的歷史任務，能夠完成這一使命的超級「哈尼夫」（Hanif，真誠者）的，是由穆罕默德（Muhammad）完成的。

穆罕默德和伊斯蘭教的創立

穆罕默德大約出生在西元 570 年，祖先是麥加地方的一個望族柯瑞許（Koreish）。在他出生前幾天，父親阿布杜拉就已經去世。六歲時，母親又去世。祖父阿布杜‧穆塔里布養他到八歲時又逝世，之後他就由伯父艾布‧塔里布領養。伯父家道中落，年少的孤兒便幫忙看管羊群的工作。據說在十二歲時，他曾經跟隨伯父參加了沙漠商隊到敘利亞，歸途中遇見了一位基督教隱士貝希拉（Bahira），以後受到他許多影響。成年以後，他必須離開氏族和部落出外謀生。他受雇於一位名叫赫蒂雅（Khadijah）的富孀。由於他工作認真、負責，為人正直、誠實。她對他十分欣賞，於是進而發生戀愛，二十五歲時結婚。雖然她比他大十五歲，他們的婚姻是幸福的，她成為他最堅強的支持力量。婚後經過十五年，穆罕默德四十歲時，常到麥加城北邊希拉（Hira）山的山洞去靜居隱修、沉思、冥想。據「古蘭經」（第 74 章第 2 節）

載：「有一天夜晚，在他精神恍惚之際，突然接到了天使加百利（Gabriel）的啟示：『你應當起來，你應當警告。』」

據穆罕默德自己說：「天使抱起我，把我淹沒在他的擁抱中。」天使一直要他「宣告」、「口傳」真主的話。雖然他推辭再三，天使卻擁抱他三次，要他宣告：

> 「以你創造主之名宣告！
>
> 自血塊中創造了人。
>
> 宣告：你主是最慷慨的。
>
> 用筆來教導，教人所不知的。」

（古蘭經第 96 章第 1 至 3 節）

他開始時在至親好友中傳道，經過三年的準備，他在西元 613 年公開傳教。起初，發展得很慢，三年間信從者不到四十位。（直到十年後才有幾百個家庭，都稱他為神的真正代言人了。）到西元 619 年，妻子赫蒂雅和伯父艾布・塔里布相繼去世後不久，穆罕默德失去了氏族的保護和支援，又遭反對派強大壓力下，伊斯蘭教面臨夭折的厄運。歷年以來都有眾多的香客們，會定期的到麥加來朝拜那三百六十座神龕，提供大量的獻金、施捨和消費。穆罕默德的一神論威脅到多神的信仰。「阿拉是唯一絕對的真神，除了阿拉真主以外，沒有其他的神明。」這種教義影響麥加當地富商及領袖們既得利益者的特權之收益。因此，他們就決心要排除「穆罕默德」主義。

歷史的轉捩點——聖遷與奪回麥加

西元 622 年夏季，穆罕默德和艾布・巴克（Abu・Bakr）避開了麥加人的防範監視，出發到耶斯里布，一路上幾經危險來到了距麥加西北約四百公里的目的地。後來他們就把耶斯里布改稱為麥地那（Medina）。這次的遷徙稱為聖遷（Hijra），被回教徒當作世界歷史的轉捩點，這一年的陰曆七月十六日被定為「回曆」元年元旦歲首。

麥地那的穆斯林邀請穆罕默德來，原為請他做為傳統解決爭端的仲裁人。由於他的公正，超脫於敵對雙方的強有力人物，能維持各氏族部落的和平，於是他從宣道人、先知轉而擔任了行政職務，變成了出色的政治家，變成為當地的教師、法官和將軍，他主宰了「那座城（the city）」的集體生命。他以「服從阿拉及其使者」為號召，通過建立麥地那社團（Common wealth），推動了阿拉伯民族的政治統一。同時為社會現實的需要，在「古蘭經的立法」形式下，改定了民法、刑法，成為伊斯蘭教以教法為中心內容的發展核心。

從麥加逃亡到麥地那八年後，他以征服者回來了。先前對他殘酷的迫害者們，現在屈服在他腳下，他原諒了他們，全麥加城的人幾乎都改信了伊斯蘭教。西元 632 年（遷徙後的十年）穆罕默德逝世時，整個阿拉伯幾乎都在他的控制之下。在他逝世後，有否認麥地那政權的統治權或拒納「天課」者，首任哈里發（Kharif＝Caliph，又稱卡利弗）艾布・巴克就發動討伐變節部落的戰爭，用武力迫使各部落歸順並信從，被征服的各部落又立刻轉入討伐異教徒的「聖戰（jihad）」。

伊斯蘭的六信與五行

伊斯蘭（Islam）一詞源出自阿拉伯文，意謂：「歸順、服從、安寧、和平」。完整的意義是：「順從萬能唯一的真主──阿拉，能獲得身心的安寧，和平就會降臨。」遵循伊斯蘭的人，全生命絕對信奉阿拉為唯一真神的人，就稱之謂「穆斯林」。伊斯蘭教最早傳到中國是在新疆，信徒都是回族，所以就稱為回教，或回回教。又，伊斯蘭在阿拉伯文原意裡，已經含有「教」的意義，所以「伊斯蘭教」實則應稱為「伊斯蘭」才正確的。

穆罕默德得到天啟，傳達神的旨意、神的語言用阿拉伯文記載，但卻是要用吟誦（Qur'an）的，音譯為「古蘭」經或「可蘭經」。伊斯蘭受到猶太教和基督教的影響極深，承認神曾派遣亞當、諾亞、阿伯拉罕、摩西、耶穌……做為使者，是先知。可蘭經要穆斯林必須要有正確的信仰內容，那就是「六信五行」。所謂「六信」就是要相信：「神、天使、啟典、預言者、來世、天命」等六種信仰內容。六信內容簡介如下：

> 信神（信真主）：相信阿拉之外沒有神，阿拉是全能的萬物創造主。順從阿拉者能進天國，背叛者會墮落地獄。確信先知穆罕默德是真主阿拉的使者。

> 天使（信天仙）：天使為真主的使者，監視人類的行為，神選天使行使天啟，轉達天啟神意給穆罕默德的天使叫加百利。

> 啟典（信天經）：神透過天使給人類的啟示書，有摩西的《五書》和耶穌的《福音書》等，今後

要相信《可蘭經》為主，為正確。

預言者（信聖人）：《可蘭經》承認在猶太教和基督教的
《舊約》和《新約》聖書中所列出的
二十七位預言者（先知），但是以穆
罕默德為最高、最可靠，而且是最後
的一位預言者（先知）。

來世（信後世）：來世分為天國與地獄。天國有湧泉、庭
園、美食等充滿幸福快樂。地獄有惡
魔，充滿恐怖痛苦。往天國或地獄，由
阿拉在最後的審判時，按各人在世的業
報而判定。

天命（信前定）：世界將發生的事情和人類的行為，神早
已預定，是天命不可違之宿命思想。

伊斯蘭教徒的生活規範，從出生、割禮、結婚、臨終、繼承，
以及日常生活等，在《可蘭經》中都有規定，其中最重要的義務
有五項，稱為「五行」，或稱為「五柱」，或稱為「五大功課」
都行。這五行就是：「念、禮、齋、課、朝」。

念：「信仰告白」，誦念清真證言：「我作證：萬物非主，
惟有真主，獨一無二。除了阿拉之外，沒有神。」（There
is no god but God.）即「除了真主阿拉唯一真神，
沒有別的神明，而穆罕默德是神的使者（先知）。」

禮：「禮拜祈禱」，回教徒每日必須禮拜祈禱五次，分別
為早晨、中午、下午、黃昏及晚間。星期五相當於猶
太教的安息日或基督教的禮拜天，這天回教徒都到清

真寺禮拜。祈禱禮拜之前，必須要把臉、手、腳洗乾淨，以為禮儀。祈禱禮拜必須面向麥加，行深鞠躬禮及五體投地的跪拜禮。

齋：「齋戒斷食（Ramadan）」，回曆的第九個月為「齋戒月」，信徒從天亮到日落，禁止飲食。病人、老人、婦孺哺乳期、旅遊在外者，可不在此限。（日落後可稍作進食。）

課：「喜捨樂捐」，分為必要施捨和自由樂捐兩種。教徒必須捐出每年所得的 2.5% 做為窮人的救濟金，穀物或果實則為 5% 到 10%，其他另有自由樂捐。

朝：「朝聖巡禮」（Haji），信徒在健康與經濟條件許可，在一生中儘可能到麥加「天房」朝聖巡禮一次，以示虔誠。

伊斯蘭的法律與聖戰

前述五行是回教徒務須實行和遵行的，相反的，另有禁止他們不可做、不可行的事，如賭博、竊盜、說謊、飲酒、吃豬肉，以及放蕩的性行為——通姦等，都是嚴屬禁止的。

按《伊斯蘭教律法（Shariah）》：「誹謗或喝酒的罪要受鞭打或笞打之刑，竊盜要受切斷手腕之刑，犯通姦罪的男女，判以石頭擲擊至死。」一千多年的嚴刑峻罰，直到第二次世界大戰後才有些改善。不過，一男人最多只可擁有四個妻子的多妻制，仍然存在（穆罕默德有 12 位妻子，中國皇帝有三十六宮七十二院，富者三妻四妾，時空背景不相同。）但是，男的必須要有能力，

並且要公平對待每位妻子。此外，對於犯罪的被害者准予「以牙還牙」的復仇，但現在大都改為可以賠償金解決。又，在伊斯蘭世界中，對於武裝來襲者，必須要對抗鬥爭。《可蘭經》載：「背向敵人者，會立刻觸怒阿拉真主，……將會走向地獄。」但若是「對抗挑戰，可以開殺，對於不信仰真神者，那就是報應！」面對挑釁者的抗戰就是「聖戰」（jihad），其原文字面的意思是盡力，但這個字在此被引申為「聖戰」。在「阿拉」名下的抗爭——為正義而對抗邪惡的聖戰中死去的烈士，被保證得救而進入天國、天堂。

伊斯蘭教的派別

穆罕默德死後，政教合一統治權的繼承者「哈里發」（Kharif）（或譯為卡利弗（Caliph））職位的爭奪戰，衍生了派系之爭。伊斯蘭教推選出艾布・巴克爾為首任哈里發，他正是穆罕默德的死忠又同族，在他指揮下，征服了阿拉伯全島。第二任由歐麥爾執政，乘機征服拜占庭和波斯薩珊兩大帝國，版圖由中亞擴張到北非。第三位哈里發由伍麥葉家的伍斯曼擔任，屬遜尼派（Sunnis），為伊斯蘭正統派。伍斯曼被暗殺，由阿里接任第四任哈里發，阿里是穆罕默德的堂兄弟，又是女婿，甚得信徒的崇敬與擁護，因與伍麥葉家和解，而被哈立及派所暗殺。從此以後，伊斯蘭的教派就衍生出遜尼派（又譯素尼派）和什葉派（Shi'ites，十葉派），其他還有些小派系。

一、遜尼派

是伊斯蘭的正統派，信徒最多，約占回教徒的83%至87%。以《可蘭經》和穆罕默德的教示及社會習俗為信仰基礎，認為回教共同體的指導權在哈里發。在伊斯蘭律法解釋權討論時，本派受到四大法學派所公認為是伊斯蘭的正統派。

二、什葉派

本派占回教總人數的 13%，反對伍麥葉家後代世襲為哈里發，而主張由穆罕默德的女婿阿里的後代繼承為哈里發。回教徒在誦念清真證言：「阿拉之外沒有神，穆罕默德是阿拉的使者（先知）。」什葉派者會繼續念一句：「而阿里是神選任的友人。」什葉派內部又分三支派：1.宰德派（查德派），2.十二伊瑪目派，3.伊斯瑪儀派。本派再分三個小派：阿拉威派、杜魯司派和波波拉派。西元 1979 年推翻伊朗巴勒維國王的霍梅尼（亦譯：何梅尼），正是什葉派。西方人認為本派是激進、好鬥的強硬派。台灣的吧哈伊教（原「大同教」）原始也是由什葉派脫離出來，但與回教已沒有任何關連。

除了前述兩大派和各小派，另有不自立為一派而卻寄生附存在各派中，有「蘇菲派（Sufism）」和「伊斯蘭基本教義派」……等。

一、蘇菲派者

為對抗腐化貴族穿著絲綢，而故意穿白羊毛衣（suf），因此得名。禁慾的修苦行，願得自己與神一體化，又稱謂神祕主義者，而非一宗派。

二、伊斯蘭基本教義派

受到過激派「復古主義運動者」的影響，在世界各地引起的暴力恐怖事件，在埃及暗殺國家元首，阿爾及利亞爆炸列車，賓拉登和塔利班的暴力主義（Terrorism），致使用劫機，同時連續衝毀紐約貿易中心大樓及華盛頓的五角大廈，做為報復和警告，造成死亡數千名無辜人命。使美國、英國攻占阿富汗和伊拉克，不禁令人想起古代十字軍東征的歷史。

民族宗教

猶太教（Judaism）

　　猶太教是猶太人所信奉的「民族宗教（Religion of Israel）」。猶太（Jews）是種族名，又稱以色列民族，亦稱希伯來人，屬於閃族（Semites，又稱塞姆族）。高加索人種中之一分支，包括希伯來人（Hebrews），阿拉伯人（Arabs），腓尼基人（Phoenicans）等。

　　猶太民族原在敘利亞附近過著遊牧生活，在西元前十五世紀（約 3500 年前）以後，一部分移住埃及。猶太人在埃及被迫而過著奴隸生活，後來摩西接受了唯一真神耶威（Yahweh，又有譯為耶和華 Jehoveh）啟示，引導救出猶太人脫離埃及，逃到西奈半島。

　　在西奈山，摩西又接受神的指示，訂立了「摩西十誡」和「舊約聖書」為日常生活之「律法」，並被唯一真神耶威，選為「神特選的選民」，這就是猶太民族信仰猶太教的開始。

　　西元前十世紀時，猶太人在迦南（今之巴勒斯坦）附近定居，統一並建國。其後，所羅門王在耶路撒冷建築了莊嚴的大神殿，這就是猶太王國。然而，所羅門王死後，為了王位的繼承問題而分裂成北邊的以色列王朝（西元前 926~722 年），和南邊的猶太王朝。

　　以色列王朝在西元前 722 年被西敘利亞（アッシリア）征服了。猶太王朝也在西元前 586 年被（新巴比倫尼亞）滅亡。西元前六世紀，猶太人又在耶路撒冷再建第二神殿，做為祭司朗讀或解說「律法」的中心和禮拜的公會堂。

西元七〇年代，位據中東十字路口的耶路撒冷的猶太教神殿被羅馬帝國破壞，於是猶太人失去國家，人民流浪於世界各地。直到第二次世界大戰後，由於受委任統治的英國的答應，復由接管統治的聯合國的裁決，猶太人終於進入並定居於巴勒斯坦，西元 1948 年宣布獨立，於是誕生了以色列共和國。

猶太教徒以耶威（Yahweh）為唯一絕對的真神，相信祂是天地的創造者，也相信猶太人為上帝特選的榮譽的選民。遵守律法，按時祈禱。以每星期五入夜到星期六入夜為安息日。安息日絕對禁止從事世俗的雜務。例如：不准理髮，不准剪指甲，不准縫針，不准寫字，不准生火等……（耶穌基督教就是反對上述各種煩雜的律法主義）男孩生後第八天，須要舉行割禮（在男嬰的性器施以外科手術的宗教儀式）。十三歲行成人式。婚、喪儀式，都必須要按照猶太教的方式舉行。

猶太教的律法

「舊約聖經」內容，為建構宗教的規則，把神的宣示託言整理出來，主要的是指摩西的「十誡（The Command-ments）」。十誡（或做十戒）的內容約略如下：

一、信仰耶威（基督教稱耶和華）為唯一神。

二、除了信仰唯一真神，你不可以有別的神。

三、不可彫刻偶像，也不可崇拜偶像。

四、不可以妄稱唯一神，上帝之名。

五、當紀念著安息日，守為聖日。

六、當孝敬父母。

七、不可殺人。

八、不可姦淫。

九、不可偷盜。

十、不可偽證。

此外：不可貪戀他人的房屋，也不可貪戀他人的妻子、僕婢、牛驢，以及其他所有的一切。

猶太教是西方最古老的宗教，也是第一個一神論的宗教。基督教和回教都是從猶太教發展出來的，雖然內容有些不同，但是兩教都接受了猶太教的一神信仰及舊約聖經的教義。

※現在世界猶太教信徒，大約有一千四百萬人。
※猶太教傳教師稱為「拉比（rabbi）」。

印度教（**Hinduism**）

古代印度的宗教──吠陀教

　　印度是個有著悠久歷史和豐富文化傳統的文明古國。早在西元前 2000 年的早期吠陀時代，印度人即有咒物崇拜、精靈崇拜、祖先崇拜、偶像崇拜等，崇拜自然的原始宗教。大約在西元前 2000 年到前 1500 年間，原住中亞細亞一帶，屬印歐語系的雅利安人（Aryans），有一批遷徙往西北進入歐洲，有一批向東南進入伊朗而產生了波斯文化。

　　另有一批從印度西北角侵入，為「渴望得牛」而掠奪，戰勝了達羅毗荼人而定居於印度河流域的五河地區。經過若干年代，又從旁遮普（Punjab）地方擴展到東方的恒河流域，他們由原來的遊牧生活轉變為畜牧業和農業的聚落社會生活。他們為爭奪牛群而征戰，為求神靈的保佑，對神的依賴，加強了宗教的影響，也提高了祭司的地位和權威。

　　為謝神和祭祀，在儀式上對神所唱的讚歌和祈禱文，匯集起來的原始文獻便是「梨俱吠陀」（Rig-veda），這個時代的宗教，歷史家稱之謂吠陀教，吠陀教正是印度最古老的宗教。

吠陀宗教的主要神靈

　　梨俱吠陀中的眾多神靈，分為天、空、地三界。天界為日月星辰之神，空界為風雨雷電之神，地界為山川草木之神。

一、天界主要神靈有：天神迪奧斯（Dyaus），司法神梵倫那
（Varuna），太陽神蘇里耶（Surya），女神烏舍（Usas），
毗溼奴（Vaishnu）三步便可跨越天空地三界。

二、空界神靈有：雷神因陀羅（Indra），風神梵由（Vayu）。

三、地界神靈有：地母神普利提維（Prithivi），火神阿耆尼
（Agni），酒神蘇摩（Soma），此外還有眾多的動物神、
植物神、魔神和巧匠神等等。

吠陀神話中神靈眾多，是因為雅利安人進入印度的時間有先
有後，氏族部落分散各地，異時異地、司祭異人，崇拜主神不一，
在不同時間又有改變。在特別崇拜某一主神時，甚至將他視為宇
宙的主宰，麥克斯·繆勒把古代印度宗教的這種現象稱之為「輪
換主神教」。

吠陀教的蛻變和婆羅門教的形成

入侵印度的雅利安人，是屬於印歐族高加索的白種人，被征
服的土著居民達羅毗荼人等，變成了奴隸階級。雅利安人為了維
護種族、膚色、征服者的既得利益和社會地位，於是在梨俱吠陀
經（10 之 90）有創造之歌、金卵歌和原人歌等，倡說宇宙生成
論和種族起源說，提出了「生主」（Prajapati）為諸神之神的概
念，對泛神論的「梵」，造成影響。

「原人歌」把原人（Parasha）作為宇宙的本體，謂：當諸神
把原人作為犧牲而舉行祭祀時，「從這偉大的總祭品上，產生讚
歌和詠歌，咒語由此而作，祭詞也由此而生。」地、天、空三界
的一切也由此而產生。原人歌最著名的思想是說印度社會各種姓
階級的產生，是因產生於原人身體不同部分的緣故。

42

「他的口是婆羅門（Brahman），他的兩臂作成剎帝利（Ksatriya），他的腿變成吠舍（Vaisya），從他的腳生出首陀羅（Sudra）來。……天界從他的頭化成，空界從他腹中來，地界生自他的腳。」這樣就構成了這世界。

婆羅門的祭司作原人歌，約在西元前 1200 年左右，是利用神的名義使種姓階級神聖化，把萬有造化的原理歸因於具體的原人，並形成「吠陀天啟、祭祀萬能、婆羅門至上」的婆羅門教的產成。

婆羅門教的聖典和種姓階級制度

婆羅門祭司貴族取得統治特權，婆羅門教便成為奴隸制社會的國家宗教。約在西元前 1000 年前後，在「梨俱吠陀」之外又編著了（1）沙摩吠陀（Sama veda），（2）夜柔吠陀（Yajurveda），（3）阿闥婆吠陀（Atharva veda）等三種吠陀，湊成「四吠陀」典籍。在四吠陀之後，又附入讚歌、梵書、奧義書（Upanishad）。此外還有：羅摩傳（Ramayana）、薄伽梵歌（Bhagavadgita）、摩奴（Manu）法典、大戰詩（Mathabharata）、敘事詩等，這些經典都是全世界最古老的宗教文獻。對於世界文明先進國家的哲學、文學、思想、藝術等，都有影響和貢獻。

婆羅門教的種姓階級制度，它的任務就是用宗教的形式把四種姓的階級制度神聖化、合法化。法經（Dharma-Sutra）規定了四大階級的社會地位和權利義務：全為保證婆羅門的至上地位和剎帝利的統治權。四大種姓階級的規定如下：

一、婆羅門至上，祭祀萬能。雅利安人為婆羅門，為司祭者；世人要對他們「尊敬、布施、安全、不殺」等四大義務。

43

二、刹帝利為貴族（士族）、行政人員，要施善政保衛
　　人民。

三、吠舍為平民，從事農畜生產業，要納稅和供養婆羅門。

四、首陀羅是奴隸，無公民權，卻有義務奉養以上三種姓。

　　還有一種階級外的旋陀羅（candala），俗稱賤民，又叫做碰不得（untouchable），他們不能進入寺廟，也不能使用公共水井。種姓不同不能結婚，也不相往來。四種姓是神造的，是世襲而不能改變的。各種姓又分副種姓，副種姓又再分次級種姓，種姓迄今已有三千種階級，但卻能相安無事，各守本分。

從婆羅門教到印度教

　　由於婆羅門教強調：吠陀天啟、祭祀萬能、婆羅門至上三大綱領，引起階級矛盾日趨尖銳，致使興起了佛教、耆那教和邪命外道的反婆羅門而自立教義。西元前三世紀孔雀王朝的阿育王，尊佛教為國教，壓倒了傳統的婆羅門教。迨至西元四世紀笈多王朝時代，婆羅門教吸收了佛教、耆那教的若干教義和民間的多種信仰，逐漸演化為新婆羅門教──印度教。

　　奧義書把創生宇宙的「生主」轉化為「梵」；以「梵為宇宙的本體」、「萬物從梵天而生，依梵天而存在，毀滅時復歸於梵天」。梵即梵天（Brahman），即是大梵天，是神。所有神靈皆為梵的顯現，自我（Atman）與梵在本質上實為同一，因此，「我即是梵」、「此我即是彼梵」，梵我一如。梵被具體化、人格化為三位一體的至上神。這三位大神便是 1.梵天：為宇宙的創造神，2.毗濕奴：為宇宙的保護神，3.濕婆：為宇宙的破壞神。吠陀時代以來的其他眾神，都降格為這三位大神的下屬。

在西元八至九世紀，商羯羅（Shankara, 788-820）改革婆羅門教的行事，組織正式的印度教修行團。他們得到統治者的支持，奪取佛教寺院的財富與地產，使佛教勢力衰落，婆羅門教從彼時起，歷史學家改稱為印度教。印度教在全國獲得優勢，直到現在。

印度教的神靈教派

梵天（Brahman，婆羅摩）

前已說過，梵天被認為是世界萬物的創造主，在古代印度所有神靈中是至高無上的；但在盡了天職，信奉者大為減少。祂的配偶神叫薩拉斯娃蒂（Sarasvati），為智慧和藝術之神。在印度奉祀梵天的信徒少，廟宇最少。

一、毗濕奴派（Vishnu）

信奉者最多，是印度教規模最大的教派。在印度教後期的經典中，確立了至尊的神格。祂有二十四種不同的面相，最常化身的十種是：魚、龜、熊、野豬、人獅、矮人、持斧羅摩、黑天、「佛陀」，以及作為未來化身的迦爾基。本派南印度信徒在額上畫三叉形捕魚叉。史詩中的大英雄羅摩是祂的第七個化身。救世的情聖黑天──奎師那（Krishna）是祂的第八個化身。佛陀是祂的第九個化身。祂的配偶神是駱秀美，是美與幸福的女神。分派的信徒在額上畫「｜｜」縱線。

二、濕婆派（Shiva）

神通廣大，無所不能。有三頭三目，代表造生、護生和滅生。此派信徒常以男性的生殖器「林伽」（Lingam）作為神性象徵而崇拜，作為再生之神。祂和妻子黛維（Devi）擁抱交歡時，即為左男右女的半天女半濕婆的男女同體（Andhanris- vara）。濕婆的妻子有好幾個化身：有杜爾伽（Durga）、有卡里（Kali）、有烏瑪（Uma）、帕爾娃蒂（Parvati）等。濕婆最著名的形象是舞王那托蘭閣（Natarja）的印度舞姿，原為宗教儀式祭祀用的舞蹈，現為世界文化藝術的重要遺產之一。本派信徒有很多分派，分布於南北印度，有在額頭眉間畫「三」條橫線（或有分派畫一橫線者），以表明自己對神的信仰和所屬派別。

三、性力派

崇拜最高性力女神，也崇拜男性生殖器「林伽」和女性生殖器「優尼（Yoni）」為象徵男女二神。也象徵宇宙創造力，生殖力的展現。印度的神廟有很多「很色」；以天神集體性遊戲的浮雕，象徵宇宙運行的動力和創造力。女性的豐臀和淫猥放蕩的姿態，象徵美和生殖與生命力。此派修男女瑜伽術的曼陀羅（Mundra，印契）。修術者在密室中通過祕密儀式，謂最上祕密法。

印度教除了上述三大派外，對太陽神蘇里耶和象頭神的崇拜也曾廣為流行，其廟宇和神像遍及全印度。

印度教在神祇方面還有護法四大天王：1.東方持國天，2.西方廣目天，3.南方增長天，4.北方多聞天。這些天王在日本佛教界也有人崇拜的。其他還有：毘沙門天、辯財天、吉祥天、帝釋

天、自在天……神靈太多，實在難於盡述。還有：印度國土遼闊，
人口眾多，神明太多，神話傳說也多，所以對於神靈的說法會有
一些不一樣，或有些不同說法，那是可以理解的。

印度教的教義與禁忌

　　某些學者認為廣義的印度教，可以包含佛教和耆那教，蓋因
其產生於印度，並由吠陀教、婆羅門教所衍生出來的。印度教徒
相信靈魂不滅，相信業（Karma）必有報的因果關係，也相信輪迴
轉生與解脫之說。佛教以「苦、集、滅、道」謂四聖諦，須以八
正道為滅苦方法。倡說「無常、無我、涅槃、寂靜」以求解脫等。

　　印度教提倡「常、樂、我、淨、」為人生之價值，以一是利
（artha，處世財產），二是慾（Karma，性愛），三是法（Dharma，
宗教立法），四是解脫（moksha），以此為人生的四個目的。印
度教的戒律也主張：不殺生、不說謊、不偷、不淫、不貪等。佛
教和耆那教反對印度教的種姓階級，被認為是反傳統、非正統。
印度教卻反對佛教僧尼的脫離生產和家庭，使孤兒寡婦大增，加
重社會的負擔。

　　依據印度教的教義，認為動、植物和人一樣都有靈性，所以
印度有崇拜動物，也有崇拜植物（大樹）的習俗信仰。印度教徒
認為「牛」是聖獸，牛老得擠不出牛乳，也無法拖車或犁田，沒
有人敢殺牛，也沒有人敢吃牛肉。在城鄉街道上，經常可以看到
牛隻漫步逍遙，人車都要讓路。據統計：印度國內黃牛、白牛有
一億七千六百萬隻，水牛也有五千零三萬頭以上。印度神話故事
中有猴王哈努曼（Hanumat），聰明又屬害的神猴，救過印度民
族英雄拉姆王（Lord Rama，羅摩），因此猴子在印度也受到崇

拜。中國西遊記的孫悟空，正是仿此猴王而來的。日本神話桃太
郎故事中的那隻猴子，也是仿此哈努曼而寫成的。鄉城果農和民
宅時常受到猴子的侵擾，即使政府發給捕獵猴子的獎金，人民也
不敢冒犯禁忌（Taboo）而去捕捉。蛇和老鼠也被認為是有神性
的，有些教派連蚊子或昆蟲都不敢殺。

　　印度民間社會中基於宗教的原因，有早婚的風俗，有重男輕
女而溺死女嬰的陋習，形成男性 100 人女性只有 95 人的比率。
寡婦禁止再婚，但在每 1,000 名中便有 180 名寡婦，其中 5 歲以
下的寡婦有 1 人，10 歲以下的寡婦有 5 人。10 歲到 15 歲的寡婦
有 18 人。印度有極少數的大富豪，富可敵國，但貧困者卻占絕
大多數。

　　印度在歷史上，從吠陀教、婆羅門教到印度教，各教派系統
混雜，祭祀儀式令人眼花繚亂，隨著歷史的變遷，各派宗教都不
斷的發生變化，實在難以盡說，本篇只是簡敘些最主要者。

　　印度人口於西元 2002 年，已逾 10 億人。

　　印度國內內各宗教信徒人數比率：

印度教	83.5%
伊斯蘭	10.7%
基督教	2.4%
錫克教	1.8%
佛　教	0.7%
耆那教	0.5%
猶太教 拜火教	0.2%
合計	100.0%

附錄：

印度影響世界哲學思想，文化藝術與文學的四大聖書：1.梨俱吠陀，2.薄伽梵歌，3.大敘事詩，4.奧義書；外加一則：5.原人歌。五部印度國寶級經典（編者翻譯）簡介如下：

梨俱吠陀（Rig-veda）

梨俱吠陀是印度最古老的宗教文獻。梵文原文標題為 Rig-veda-samhita。Rig 是聖歌，Veda 是知、智慧，轉為聖典之義，Samhita 意謂聖典本文之集成，謂為「本集」。

梨俱吠陀為婆羅門教的根本聖典，有十卷 1,028 歌（其中有 11 歌為補遺歌），是由韻文讚歌集成的。這些讚歌都是古代詩人把宇宙的森羅萬象神格化，以自然崇拜的宗教的敘情詩為主體部分而奉獻給諸神的。此外還有：婚姻、送葬、有關人生的歌、天地創造的哲學詩、十王戰爭的歌等都包含在內，在祭祀儀式中，由祭官（Hotri）在祭壇上呼請眾神時，誦唱之用的讚歌集錄。

梨俱吠陀可以說是四種吠陀經典的中心部分，是集成龐大的吠陀文學的根本聖典，足可窺知並了解古印度的社會、思想、歷史、文化等，同時也纂集成為印度四千年的文化根源的重要文獻。其表現為：古雅、雄健、素朴、崇美，在古典文學上，其價值是極為崇高的。

梨俱吠陀的成立年代，依各卷之新舊而有所不同，最古老的部分當在西元前 1500 年，大部分也都在西元前 1000 年前後。就中以第一卷和第八卷為稍後，第十卷為最新近者。

薄伽梵歌（Bhagavad-gita）

　　原意為「神之歌」，又略稱為「吉他（Gita）」。是用古代印度的梵文寫成的古代印度之宗教哲學詩（作者不詳）。是構成「大敘事詩」的一部分。自第六卷第 25 章起，至第 42 章止，共 8 章 700 頌的詩句所組成。

　　大戰詩的高潮是在芭拉達族要開始大戰鬥的時候，潘多族的第三王子勇敢的阿爾珠那（Arjuna）站在戰車陣頭上，向御者奎師那（Krishna）（其實就是毘濕奴 Arjuna 的化身）說同族而交戰是不對的，又說痛心之極，意欲中止戰鬥而丟棄武器。奎師那（黑天王）卻勸慰並嘉勉了王子，說靈魂是不滅的，人應該盡本分，放棄利己心，若為利益而戰則要避免，但若為正義而戰，那是武士的天命職務，他鼓勵並答覆王子的質問，教導深遠的哲理、信仰、解脫的方法等，促使他參加了正義的戰爭，而獲得勝利。這段詩的內容顯示了印度的根本思想，說明了宗教、哲學、道德的要點及不滅的真理。

　　薄伽梵歌原為信奉毘濕奴神教派的信徒而寫的經典，但卻被大敘事詩收編為其中之一部。由於內容富有深遠哲理，受到全印度人的感動與愛戴，不論那一個宗派，都受到尊重，日夜都奉為座右銘的聖典而詠誦之。薄伽梵歌的成立，大約在西元一世紀的時候，它的影響卻是極大的。梵語的註解和模仿作品都有，以現代印度語解說的也有很多。

大敘事詩（大戰詩、大史詩，Mahābhārata）

　　以梵文寫成的古代印度的大敘事詩，敘述芭拉達族的大戰史詩。據說作者是韋耶沙（Vyāsa）仙，應該說是「整理者」才適當。因為那麼長的詩篇，一個人是無法完成的。這個歷史故事是相當古老的，口口相傳，歷經無數次的整理、修正、增補，最初有 8,800 頌，再增加為 34,000 頌；現在形成為 18 篇，有 10 萬頌的詩句，以及另一篇 16,000 頌付錄（哈利・汪闍）。據推測：大戰敘事詩完成於西元前 400 年而確立成現代形式，那應該是在西元 400 年之前。

　　北印度庫魯地方，同屬芭拉達族有庫魯族和潘多族，兩族原為親族關係，卻因為潘多族五王子智勇雙全，而受到庫魯族百王子的嫉妒，引發不和而結果發生了激烈的 18 日間的大戰，最後潘多族大勝利，這就是大戰詩的主題。

　　本題只占全篇的五分之一，但其中卻有神話、傳說、宗教、哲學、道德、法制、經濟、社會制度等，包含了相關的插話，不計其數。呈現出宛然大百科事典般的印度教文化之大觀。本篇中所含有的逸話之中，最有名的是「貞節夫人薩維德利（Savitry）」的故事。受到傳奇命運嘲弄的「那拉和達瑪揚提」的優美之故事，在薄伽梵歌（Bhagavad-gita）等宗教哲學詩中，把故事的主題和這些逸話，提供給後世的文學很多資料，使印度國民的精神生活，得到無可計數的深刻的影響。大敘事詩原文為印度古代的梵文寫成的，後世的印度，翻譯改寫成各種方言，不但普及流傳於廣大的印度國內，而且隨著印度文化的普及，也傳到爪哇、馬來西亞、泰國、巴里島等的南方諸國，對於他們的文學和藝術，都

給與巨大的影響。大敘事詩的插話中，有很著名的「一角仙人的故事」。佛教說話和本生經的故事，通過漢譯佛教經典的傳播，也傳到日本，在「今昔物語」、「太平記」、「一角上人」的歌曲，歌舞伎的「鳴神」劇目，也都有印度的神話故事，包括挑太郎的童話故事也是。

奧義書（Upanisad）

古代印度的哲學書，婆羅門教的聖典。屬於吠陀（又譯為韋陀，西元前 2000-500 年），因為形成於吠陀最後的部分，所以又別稱為吠陀的終局，或稱為吠陀的極致，或吠檀多，全部都是用梵文寫成的，其數量達兩百種以上，成立年代久遠，因此各有些微不同的語言特徵。但是最主要的只有其中的十幾種而已。這些被稱之謂「古奧義書」，是在西元前五世紀完成的。但在其後，奧義書仍然繼續寫出來，最新者直到西元後十幾世紀，這些被統稱為「新奧義書」。

關於奧義書的語義，原來是指師徒之間的近座面授，侍座傳授「奧義」或「祕義」的意思。據此，奧義書又別稱為 Rahasya 祕教（或密教）。準此，藏傳佛教也稱密教。

由於奧義書都附添在吠陀四書之後，印度人視之為天啟文學，比起聖傳文學更高一層而富於神聖化，是印度正統哲學、宗教思想的泉源和典據。奧義書並非由同一作者、在統一的思想、又在一貫的形式為基準而敘述的。它是歷經千百年歲月，由許多哲人思索的結晶。為此，雖然滿載新舊的種種雜多的思想，也可從整體中看出統一的地方，其主要內容要以一言而要約之，那是做不到的。但是，

以奧義書嫡系自居的吠檀多學派的主張卻說：「奧義書的中心思想，就是『梵我一如』的思想」。（梵我同一論）

此一主張發生於「梨俱吠陀」的末期（西元前 1300 年），當時引起全體一致、重新摸索、探討的努力，以至 Brahmana（梵書），雖然沒有把吠陀經的精神給否定掉，卻把它推置於遙遠的後方，而放在祭式的勢力下面。然後，起而代之的是：以祭式為媒介，把自然界的各種現象、人類之生理的、心理的各種機能，做了種種對比，同一視之，遂於現象界的彼方存在的實體，為宇宙之本體的 Brahman（梵），與人類生命的根本原理，為個人本體的 Atman（我），是同一不二，即以「梵我一如」確立為奧義書之中心教理。為此而引起默想、思索的行動（與儒、道有「天人合一」，可謂異曲同工之妙）。

雖然「梵我一如」的真理儼然事實，同時對於這個真理的探求者而言，那是理想的本體（目標）。為此，依禪定或苦行而沈潛於梵我一如的認識，同樣，個人我要脫離在死後的輪迴解脫的境涯，並以到達被視為實在而客觀之梵的世界（梵界）為最理想。

在奧義書裡，雖然強調梵我為純主觀的，純意識的，但，這在現象界是虛妄的，惟有梵才是惟一的實在（實體），這成為觀念論（摩詰吠陀）發展的前提。另一方面發展為自古以來即開闢的神話，並以「有」而授與梵我、物心兩方面的性質；欲據此而說明宇宙、維護宇宙之說的有神論傾向，也在中期以後漸次增強，印度教的神觀之諸要素，大多在這個時代的奧義書中都能夠尋找得到。還有，在梵書（Brahmana）的末期，在古奧義書的前期開始出現「業（Karma）」以及輪迴的思想，自此以後，對印度人的思想造成絕大的影響。業及輪迴、解脫的

思想，成為後世的印度之哲學、宗教諸派的理想（佛教與耆那教也都受此影響）。

　　以上為古奧義書前期部分的中心思想，自此以後，諸思想漸次統一而形式化。含有數論的和瑜伽的諸要素，也有顯示傾向於一神論的。在新奧義書裡，其思想更加趨向於多歧展開，但那些大體上是屬於：1.吠檀多主義的，2.瑜伽主義的，3.倡說遁世漫遊生活的，4.毘濕奴主義的。

※註：奧義書的原典，各國都有翻譯本。日本翻譯者有：高楠順次郎監修的
　　　「Upanisad，ウパニサッド全書」（西元 1922 年至 1924 年出刊），分
　　　九卷；還有　直四郎著「吠陀與奧義書」（西元 1953 年出刊），內有
　　　從原典中拔粹摘譯的。
※本文摘譯自日本「世界大百科事典」，撰稿者：坂井尚夫，中文譯稿者：陳
　國典。

原人歌

　　上古的印度吠陀宗教的時代，在「梨俱吠陀（Rig-Veda）」卷十，有「原人歌」如此寫道：

　　「當諸神把原人（Parasha）作犧牲而舉行祭祀時，那酥油是春，聖供是秋，夏則作為柴薪。他們在草地上把作為犧牲的最早期出生的 Parasha 塗油，諸神和沙達（Sadhyas，修道的仙人）及律西都用他來作祭祀。從這偉大的總祭品上，滴下的油脂集合起來了，他形成了空中的生物，野生的和家飼的牲畜。從這偉大的總祭品中，產生讚歌和詠歌，咒語由此而作，祭詞也由此而生，馬由此生，一切有兩排牙齒的牲畜由此生，牛由此生，山羊和綿羊都由此生。當他們把 Parasha 分割成多少份？他們把他的口叫做什麼？他的腳和腿又給與什麼名稱？他的口是婆羅門

（Brahman），他的兩臂做為王族（剎帝利，Ksatriya），他的腿部變成吠舍（vasisya），從他的腳上生出首陀羅（sudra）來，旃陀羅（chandra）從他臍中來，蘇雅（suya，日）從他的心上產生，月亮從他眼中來，因陀羅（Indra，雷神）和阿耆尼（Agini，火神）自他的口中，他的氣息變成梵由（Vayu，風神），空界從他腹中來，天界從他的頭化成，地界生自他的腳，方位生自他的耳朵，這樣他們就構成了這世界。」

據此，原人神身體的各部分生出世界，包括空界、天界、地界的萬事萬物和神靈，都分享了他的生命。這首原人歌是印度泛神觀念的起點。後來的「奧義書」和「薄伽梵歌」，就把「梨俱吠陀」中作為創造物之主的「生主」（Prajapati，帕闍帕提）轉化為「梵」。這個梵被認之為宇宙的本原、世界的最高原理，是最高的「自我，ataman」，而我們個人的靈魂或自我則來自於大梵，故與梵在本質上實為同一，即所謂「我即梵」（aham brahma smi），「此我即是彼梵」（ayam atama brahma）。這就是「梵我同一」、「梵我一如」也。

這個梵，亦即梵天，後來由一元的本體演變為三種身分，一為婆羅摩（Brahma，大梵天），為宇宙的創造神；二為毘濕奴（Vishnu，那羅延天），為宇宙的保護神；三為濕婆（Siva，大自在天），為宇宙的破壞神；三位大神本體同一，卻為印度眾多神靈的祖神，為眾神頂頭上司。大乘佛教仿此梵天思想，使佛陀、菩薩神格化而成為多神教。提出釋迦佛有法身佛、報身佛、應身佛等，由一佛而化為三身佛。此外又有三世、五方佛、過去七佛、十方佛……等等。又曰：「有情眾生，皆有佛性。」認為佛徒只要遵守並實踐佛法，皆可成佛。視佛性為大梵天也。

※譯者註：印度教的「梵」，與中國道教的「道」，極為相似，幾乎相同。蓋
　因老子第四二章說：「道生一，一生二，二生三，三生萬物。」道教「天人
　合一」，正是印度教的「梵我同一」也。

耆那教（Jainism）

　　耆那教是印度的民族宗教之一，相傳早在雅利安人入侵印度以前即已興起的出家主義的宗教。「耆那教」在後世（西元前五世紀）發達起來，與佛教形同姊妹教。耆那（Jina）的原意是勝利者，是指戰勝煩惱而得到解脫者。她的教義在教導人解脫人生苦方面，與當時佛教的目的完全相同，該教在印度國內到現在仍有存在著。

　　創教主摩訶維羅（Mahavira，偉大英雄）開始傳教。他出家以前的名字叫筏馱摩那（Vardha Mana），種姓屬剎帝利，出身吠舍厘王族家庭。是僅次於「婆羅門」階級而為社會上最活躍的等級（與釋迦牟尼同級），占據王族的統治地位。他又稱為朱那達普多拉（Jnataputra，ジュナタプトラ，在佛教即以此名稱呼），其父親是濕馱魯達（Siddhartha，シッダルタ）母親叫都利射拉（Trisala，トリサラ），雙親都是耆那教前身的巴爾朱瓦那達教（Parsvanatha，パルシユヴアナータ）的熱心信徒。有一說他與耶修達（Yasoda，ヤショタ）結婚，生一女兒叫阿娜惹（Anojja，アノジヤ）。三十歲時父母亡故，接受繼承家業長兄的許可，出家修苦行。十三個月後裸形，經十二年苦修得道而成「耆那」。據耆那教的說法：他是繼二百五十年前生存的教祖——巴爾朱瓦那達，而成為第二十四代教祖提爾丹卡拉（Tirthmkara，ティルタンカラ）。其後，以摩加達國的王舍城為中心，四十二年間繼續傳教，得到很多王侯貴族信徒為弟子。耆那教與佛教同樣，都

受到當時的賓披查拉王和王子「阿闍世」王的保護。到七十二歲時，在現今之拔都納地方涅槃（去世）。以前傳說這一年是西元前527年，較新的研究卻說是西元前467年。由此可知：耆那教與佛教的教祖佛陀都是同時代的人。這涅槃之年卻是成為耆那教歷史年代的基準。

耆那教和其他的印度教一樣，對於世界觀有獨特的看法。耆那教認為人類所居住的世界，是在全世界中央的圓型的中央世界，上部有十一層的天界是神住的，這上部所居住者是完全解脫者的永居之處。中央界的下面是地獄界有七層46階840萬的地獄，是有生命的生物類受苦之地獄。佛家語謂：苦、集、滅、道為四諦或四聖諦。耆那教謂：命、非命、福、罪、漏、縛、遮、斷、解脫為九諦。

耆那教的教理也講業報、輪迴的因果關係。佛教以佛、法、僧為三寶，耆那教即以：正見、正知、正行為三寶。要得到解脫，需以出家為正道。要出家，必須要守：無害、正言、不盜、梵行、無所得等五大禁戒（mahavrata），梵行是指絕對禁止性之戒，戒近色。禁戒比佛教更嚴。耆那教的無害戒殺生。為防止吸入蚊子或細微昆蟲而整天帶口罩；為防止走路踩死微生物而帶著竹掃帚。耆那教修苦行（tapas）分為內、外兩種。外苦行（1）斷食、（2）節食、（3）限食、（4）粗食、（5）避開感官誘惑、（6）坐寒暑禪，不搔癢，不吐唾液口水等，使身體痛苦的身體苦行。內苦行為（1）師前懺悔、（2）崇敬、（3）出家為「師、僧團、病人」服務、（4）求學問、（5）捨棄外界誘惑並禁慾、（6）禪定等精神苦行。

　　從外部援助出家眾的是在家眾，比起出家眾的大禁戒，在家眾也要遵守五種小戒（anuvrata）：戒殺生、戒妄語、戒偷竊、戒邪淫（可過正常性生活）、戒貪慾等。

　　耆那教分為白衣及裸行（空衣）兩派，教義大體相同，裸行派者修苦行較多。據西元 1961 年統計：耆那教全體信徒超過 200 萬人。

錫克教（Sikhism）

錫克教是印度的民族宗教之一，是由印度教改革而成的一派。由於受到伊斯蘭教傳入的影響；以印度教為骨，以伊斯蘭教為肉，兩者結合而成的宗教，便是「錫克教」。

錫克教的創教主納那克（又譯為南納克）上師（Guru Nanak, 1469~1538），出生於印度北部傍遮普（Punjab）省拉厚爾近郊，從小就學習印度教而精通教義。年輕時又同時與印度教和伊斯蘭教的聖者交往很深。三十歲時，有一次在河中沐浴時失蹤，受到神的啟示，得到了深切的開悟經驗。

納那克上師為了傳教而遍遊各地，北自喜馬拉雅山，南到斯里蘭卡，西至麥加，服裝都是穿著伊斯蘭教朝聖者的打扮，他的外袍上，繡著「可蘭經」的經文。

錫克教的「聖典」（Granth Sahib）收錄了北印度的印度教聖人和伊斯蘭教聖者的神祕經驗和著作，也包括錫克教上師們的經典之作，而且不分門派。第一代的錫克教上師納那克，他同時肯定了印度教和伊斯蘭教的真理和教義。他主張：人必須努力工作自食其力，誠實賺錢並與窮人分享。他教信徒要不斷地誦念上主的名，永遠不忘上主，熱愛上主；而上主是沒有門戶之限的（意則不分種姓階級）。

錫克教出了十位上師（guru），據說他們都有好些神祕的奇蹟。錫克教雖然和伊斯蘭教一樣，也倡說「唯一永遠的真神」，不拜偶像，但是並不否定印度教的神明，而且也相信輪迴和業

障。而主張用默想去信仰那些神就行了。第四祖藍默達斯（Ram Das, 1534~1581）在阿姆利茲亞發源地，建立了黃金寺做為總本山。第五代祖亞魯讓・馬呂（Arjan Mal, 1563~1606）收集先祖及歷代諸聖者的讚詞，編纂為「根本聖典」（アーデイ・グランド），後來卻被伊斯蘭教王所虐殺。第代九教祖企圖把錫克教教化全世界，因而與伊斯蘭教王衝突，後來在省都的德里被刑殺。

第十代教祖戈賓辛（又譯為高賓・新）（Gobind Singh, 1661~1708）把信徒編成為軍隊式的，結成為宗教團體的子弟兵。入信者，不分種姓階級，入團時，都給予「獅子」的名號。總之，是為準備爭取宗教獨立而備戰的。錫克教徒的特徵，從他們的打扮，一眼便可以看出：留長髮、穿短褲、鐵腕輪（鋼手鐲），身上攜帶小型的短劍（匕首）和櫛梳，報獅仔名號；這就是錫克教徒了。到現在為止，他們仍然留長髮，只是通常都用卷頭巾包著（回教徒也用卷頭巾－turban 包著）。

他們通常以職業來行善積德，實踐一生，奉獻社會。他們的勤勞盡責，即使在印度以外也都獲得社會地位和肯定。戈賓上師訓練他的信徒子弟兵，要對所有的弱者、受迫害者伸出援手，要挺身反抗宗教暴君。錫克教徒曾經為爭取宗教獨立而戰，曾經力圖建立獨立王國而奮戰到一八四九年英國征服印度時為止。在二十世紀期間，錫克教徒產生了改革機運，以旁遮普省為中心，激烈的展開了反英國統治運動，成為印度獨立運動的得力助手。

錫克教徒從不勉強他人改信錫克教，因此，他們傳揚的普救運動，大部分僅限於印度一帶以及海外的印度人。迄今為止，錫克教徒約有二千萬人；絕大多數都是印度人。

註：錫克＝Sikhs 字面的意思是「信徒」。

瑣羅亞斯德教（**Zoroastrianism**）

　　瑣羅亞斯德教，是發源於古代的波斯（今之伊朗），而波斯是古代文明的另一個發祥地。早在西元前 2000 年間，原住中亞細亞地區的印歐語系的雅利安民族，進入伊朗高原，他們在這裡定居，創立波斯帝國的文化和宗教。早期伊朗人和印度人同屬雅利安民族，有共同的血緣關係，有共同的印歐語語言，也有共同或類同的宗教信仰。古代印度的早期吠陀經典——《梨俱吠陀（Rig-Veda）》和波斯的古經《阿維斯陀（Avesta）》，兩部經典有許多共同點。例如：表現出共同性質的多神論，崇拜不少共同的神靈和其他的對象。如：印度的密多羅神（Mitra）＝伊朗的密瑟拉神（Mithra），對火的崇拜，用聖酒獻祭……還有印度天神 Daiva 和伊朗天神 Daeva 等。

　　創教主瑣羅亞斯德，在古波斯語中稱作「查拉圖士特拉（Zarathustra）」，意為「駱駝騎師」。據教內說法：「他是出生於西元前 628 年，死於西元前 551 年，是由一個十五歲的童貞女所生。誕生地是在今德黑蘭郊區，一位名叫史比泰瑪（Spitama）的騎士家中。」二十歲時他隨一位祭司出家隱修。三十歲時得到「神的啟示」。尊奉主神「阿胡拉・馬茲達（Ahura・Mazda）為最高的善神，所以英文也叫做 Mazdaism（馬茲達教）。他對古傳統的多神教信仰進行改革，創立了一種主張「善、惡」二元對立的二元神論的宗教。其教義在傳統的宗教書（Denkart）經典中記載：「宇宙中有陰陽二神，陽神為善神，陰神為惡神，以「火」

代表陽神而崇拜之。」因為在祭祀時有拜火的儀式，所以又稱拜火教。在南北朝時代傳入中國。唐朝貞觀五年（西元631年），有法師穆護何祿者詣闕聞奏，太宗皇帝勒令於長安建寺，並置祆正，以掌祈祆神，瑣羅亞斯德教（拜火教）在中國又叫「祆（ㄒㄧㄢ）教」，或叫「波斯教」。

瑣羅亞斯德在傳道時，勸世人悔改、勸人勿飲酒、勿邪行、勿欺誑……等。他主張並認為宇宙中存在著善良、邪惡兩種對立的力量，並把兩者人格化為善神與惡魔兩大陣營。善神的最高主神是阿胡拉‧馬茲達，祂的神性是光明、潔淨、創造、生命、善行、道德、秩序、真理……等。惡魔首腦為安格拉‧曼妞（Angra‧Mainyu），又稱阿里曼（希臘文Ahriman），其性格是黑暗、污濁、破壞、死亡、惡行、謊言、虛偽……等。善神陣營有七大天使及眾多的屬神，惡神陣營也有七大魔頭和凶靈惡煞的屬下鬼魂。惡魔為害人類，給人以痛苦。善神為保護人類，與惡魔鬥爭，光明與黑暗，善與惡，正與邪……的鬥爭。雖然時勝時敗，但無所不能的至上神馬茲達最後必將取得勝利，拯救人類。

瑣羅亞斯德教把人間世界的無量時（Zrvan akarana），亦即將大永遠內分為9,000年或12,000年，再劃分為四個時期，每一期為三千年，每期區分為：創造、混合、分解。第一個創造時期的三千年為善神的業績。第二個混合期的三千年為惡魔和善神的交戰期，在阿里曼降服後平安度過。第三個分解期的三千年為善、惡兩界神靈的決勝時期。惡魔阿里曼被女原人喚醒，遂在物質世界進攻。他殺死了「原牛和原人」後，卻從牠和他的身體產生了植物、動物、礦物（金屬）和第一對人。戰到末期，瑣羅亞斯德奉善神元主馬茲達之命，用最神聖的祈禱文，最後才徹底的

戰勝阿里曼。第四個三千年，惡魔之首領阿里曼已經無能力為害人類和世界，火使山中的金礦熔化，它會燒灼那些邪惡者，人類將恢復創世時的原始狀態，地獄之門因為不再需要而永久封閉。山谷變成平原，全人類都能享受幸福的生活。而現在的世界是在第二個三千年的混合期，善、惡兩神的鬥爭，正在天國與地獄之間糾纏著。

瑣羅亞斯德傳道十年，只得了一個信徒。西元前 588 年，他的新宗教受到國王維斯塔巴（Vesthtaspa）和貴族們的信仰。他的女兒嫁給了波斯帝國的宰相耶馬斯普（Jāmāsp），他自己也娶了波斯帝國大臣的女兒為妻。在國王的支持下，王公大臣們都改信瑣羅亞斯德教。在宗教作為國教之後，國王總是被神化為救世主，是受神之命的神之使者。

瑣羅亞斯德教認為：人有選擇善惡的自由意志，認同印度教關於「業報」的主張，認為「從善者得善報，從惡者得惡報」，「真理引向豐碩的生命」（Yasuna 30～17）。

瑣羅亞斯德教相信：「死後的靈魂要接受末日的審判。」祭祀活動最主要者有「聖火崇拜」，因為火是至上神阿胡拉‧馬茲達的兒子，是神的至善性之象徵。各種不同社會階級都有自己相應的聖火，有祭司、貴族、農民三種聖火，村有村火，家有家火，聖火必須常燃不熄。

瑣羅亞斯德教規定男女到七歲（印度）或十歲（波斯），都必須入教。為善思、善言、善行力行三善，而棄絕三惡。在祭祀儀式時須潔淨其身，有小淨、大淨、特淨等三種，象徵「身、口、意」三業之清淨也。

　　瑣羅亞斯德教認為火、水、土為神聖之物，行葬禮時，為不讓屍體污染神聖物，故而反對火葬、水葬、土葬，而實行天葬——鳥葬。在葬式儀禮完成後，將屍體裸放在「寂滅塔（dakhma）」塔頂露天的石板上，讓鷲鷹啄食屍體」。

　　西元前三世紀，由於馬其頓王亞歷山大大帝的征服，在波斯伊朗的傳統宗教，幾乎被希臘的宗教所淹沒。西元前一世紀中葉以後，波斯崇拜的神和希臘神，幾乎混為一體。西元三世紀薩珊王朝建立以後，瑣羅亞斯德教得到復興，並取得了國教的地位。由於國王的協助和祭司的努力，使瑣羅亞斯德教擴張到非伊朗國家，對猶太教、基督教、印度教、佛教等，都造成極大的影響（迫害與貢獻都有）。

　　西元 642 年，阿拉伯的伊斯蘭大軍打到伊朗，被征服者在武力的脅迫下，瑣羅亞斯德教教徒被迫改宗，在伊朗本土幾近消聲匿跡，殘留者避居深山，人數約數萬人。當時不願改宗者逃到伊朗境外，在印度、孟加拉為最多，現在集居在孟買者被稱為帕西人，所信奉的瑣羅亞斯德教也被稱為「帕西教（Pasisism）」，目前教徒約有二十多萬人。他們在當地有較高的文化水平，有較高之經濟生活的水平。

　　瑣羅亞斯德教在傳入中國後，被稱為「祆教」或「拜火教」，初期曾受到唐太宗的支持，但在唐武宗會昌四年（西元 844 年）排佛時，所有外來宗教，包括祆教、景教、摩尼教，都在排斥之列，被迫轉入地下或依附他教而漸趨消失。

摩尼教（Manicheism）

西元三世紀初，產生於波斯（今之伊朗），以瑣羅亞斯德教（拜火教）為母體而衍生出來的宗教。教義內容含基督教和佛教與祆教的成分。創教主摩尼（Mani＝Manes, Manichaeus. 約西元215-276 年）出生於古代巴比倫（現今伊拉克），生平史實不甚明瞭。早期皈依瑣羅亞斯德教，之後即經常說他已受到神的啟示。30 歲時自覺可以做為預言者先知，於是以波斯為中心而開始宣教，但卻逐漸與瑣羅亞斯德教分裂，因而遭受迫害，據云於西元 277 年被處以火刑。他有七封遺書，就成為摩尼教的聖典了。

摩尼教在當時很受民眾的歡迎，發展極為快速，廣傳於中亞細亞一帶，甚至流傳到地中海東岸的許多地區。於西元四世紀初傳入羅馬帝國，直到四世紀末，羅馬天主教發出佈教禁止令，施以壓抑行動。其後也傳到印度和中國。摩尼教傳入中國始於唐代，是在武則天皇后廢中宗皇帝，改國號曰周，自稱皇帝之後，年號延載（西元 694 年），「波斯人拂多誕攜二宗經來朝」此為最早記載。摩尼教承認瑣羅亞斯德的創教主，佛陀和耶穌都是開啟真理的先知，教義大都以瑣羅亞斯德教為依據，也行使拜火教的禮拜儀式。其教義以「二宗三際論」為根本。所謂二宗，是指光明和黑暗。光明即是善，黑暗便是惡；以善與惡為自然的二元論。光明即是：愛、信、誠、敬、智、順、識、覺、祕、察等為十德，依次具現。所謂三際，是指初際、中際、後際，也就是指過去、現在、未來。初際時，光明與黑暗各自擁有自己的王國。

中際時，黑暗侵入光明王國；光明王國的主宰大光明神與黑暗的勢力進行著長期抗爭。後際時，大光明神會派出先知摩尼出面，在摩尼及其宗教的教化下，光明戰勝黑暗；光明與黑暗又恢復各自的王國，彼此分離。

摩尼教的戒律有三：（1）禁食酒肉，（2）禁作惡行，（3）禁淫情慾等，稱為三封。在十誡之外，要素食、齋戒，每日要勤行四次的淨心祈禱，以育成光明素因。或許由於戒律太過嚴苛，或因為基督徒和伊斯蘭教的勢力太大，在十四世紀後，摩尼教就滅絕了。聖典遺書也遺失了，使得該教的歷史和教義內容都不甚清楚。直到進入二十世紀後，歐洲的學者發掘到貴重的遺書之複寫本，廣泛的學界才明白摩尼教的內容。在中國敦煌發現的「老子化胡經」卷一中，竟有老子化摩尼的一段經文：「……後經四百五十餘年，我乘自然光明道氣，從真寂境，飛入西那玉界蘇鄰國中，降誕王室，示為太子。舍家入道，號末摩尼。轉大法輪。說經戒律定慧等法，乃至「三際及二宗門」，教化天人，令知本際。上至明界，下及幽途，所有眾生，皆由此度……」

「化胡經」中摻進了摩尼教的內容，是道教為玄化自家教義，抬高自家地位，以便與佛教抗衡。「化胡經」中有了老子化摩尼之說，這就為後來摩尼教依托道教大開了方便之門。「化胡經」到了後來又附會了「八十一化圖」，其中第四十二化即老子化摩尼圖。於是摩尼教更加依附道教。

摩尼教在唐武宗會昌四年（西元 844 年）排佛時，也遭到打擊，被迫而轉入地下。在宋朝時，摩尼教被蔑視為「魔教」，於是在元朝反蒙古時，才稱為「明教」。元朝末年，白蓮教曾經領導全國反抗蒙古。而朱元璋為反抗元軍的白蓮教一個小頭目。白

蓮教是由彌勒教（在家修的齋教，俗稱吃菜教）、摩尼教（後改稱明教）、道教和民間信仰的結合而成的宗教。

　　明朝太祖朱元璋，因緣際會而取得天下，自稱「奉天承運」皇帝，建國號曰「明」。「明」就是「明教」明暗二宗的「明」，就是「明王」、就是「真主」的意思。明太祖朱元璋登基當了皇帝以後，卻禁絕了白蓮教，白蓮教從此就不見蹤影，摩尼教（明教）也同樣，又再轉入地下，成為祕密宗教了。

道教（Taoism）

前言

　　道教是什麼？按東方國語辭典的註解：「道教：奉元始天尊、太上老君為教祖的宗教，東漢張道陵所創。」

　　辭海辭典註：「道教：宗教名，道家本不以教名，自東漢張道陵以符籙、禁咒之法行世，其子衡、孫魯相繼遵行其道。魯並於漢中立鬼道教以教民，至北魏寇謙之奉老聃為教祖，張道陵為大宗，而道教之名始立，入唐乃盛行。及宋張君房編雲笈七籤，以天寶君說洞真為上乘，靈寶君說洞元為中乘，神靈君說洞神為下乘。又明白雲霽撰道藏目錄，以洞真部為元始天尊所演，是為大乘，洞元、洞神二部為太上老君所演，是為中乘、小乘。據此則道教又非專奉老聃為教主。」

　　日本漢和辭典註：「道教：出自道家的教化，加上儒家的教化、道德的教化。藉黃帝、老子、莊子的說法，不老長生之術和民間宗教思想等的說法，於後漢的張道陵，北魏的寇謙之等人的整合而形成的宗教。」

　　日本著名的宗教學者窪德忠，在其所著「道教的書」中說：「道教就是以古代民間信仰為基礎，以神仙思想為中心，加上道家、易、陰陽、五行、緯書、醫學、占星、卜筮、筮祝的信仰，仿效佛教的組織與體制而整合為不老長生為主要目的，是咒術宗教傾向很強的，現世利益的自然宗教。」

　　道教是在亞洲中國大陸土生土長的宗教，信仰內容十分廣泛的多神教，是中國固有的、傳統的民族宗教。道教是由中國民間信仰和風俗習慣所形成的「民眾道教」，吸收儒家思想觀念與經典，又模仿佛教的教義、教團組織，終於演化而為「成立道教」，爾後形成為儒、釋、道三教鼎立。

　　茲將道教的思想淵源、成立經過、歷史沿革與教義教派、主要神明系譜……道教在台灣的現況等，簡略介紹如下：

道教的思想淵源

一、夏禹時代：墨子兼愛下引「禹誓」，說禹攻三苗乃「用天之罰」。征討有扈氏時，稱「共行天之罰也」。孔子曾稱讚夏禹：「禹吾無間矣：菲飲食而致孝乎鬼神……」據此可證，夏代已有天神崇拜，並已有尊天事鬼的祭祀活動。

二、殷商時代：尚書「湯誓」：「有夏多罪，天命殛之。」這就是商滅夏的神學根據。殷稱天神為上帝或帝。凡戰爭、祭祀、田獵、收成等事，都要以占卜探明天神旨意，為取悅天神地祇鬼靈而興起祭祀，這在甲骨文辭足可資證。

三、周朝時代：在宮廷大宗伯「職掌祭拜天神、地祇、人鬼之禮」。周公使天神崇拜具倫理色彩，為後世傳統宗教信仰奠定了基礎，儒家天命學說即據此而發展起來的。民間亦興起祖先崇拜與精靈和鬼魂崇拜。

四、先秦時代：莊子「逍遙篇」載：「藐姑射之山有神人居焉……不食五穀，吸風飲露，乘雲氣，御飛龍，而游乎四海之外。」列子「湯問篇」說：「在渤海之東，有瀛州、蓬萊、方壺……等五座仙山，……山之中間相去七萬里，以為鄰居焉。其上

臺觀皆金玉……所居之人皆仙聖之種，一日一夕，飛相往來，不可數焉。」春秋戰國時代已有神話仙人之說。

五、漢朝時代：孔子所創儒家雖非宗教，卻有神學內容。孔子說：「敬鬼神而遠之」，「祭神如神在」，「未能事人，焉能事鬼」，「生死有命，富貴在天」。漢代既崇尚儒術，又崇信神仙和崇奉黃帝和老子，成為宗教色彩的「黃老道」。

道教的成立經過

一、漢成帝時（西元前 32 至 7 年）：神仙家稱頌赤精子（寧封子）下教甘忠可，將儒家讖緯學說與黃老道相結合，創造了「天官曆」和「包元太平經」，倡行太平道，謂可使國家致「太平之道」。

二、漢順帝時（西元 126 至 144 年）：山東省琅玡縣出身的于吉，由原始的「太平經」演繹修訂而編集成「太平青領書」。該書行世，實已標誌了「太平道」的「道教」已行世。于吉深受信眾的愛戴，魅力人望幾超越吳王孫策，致被孫策忌懼而殺之。

三、漢順帝時（西元 126 至 144 年）：張陵（亦叫張道陵）開創五斗米道於巴蜀一帶，造「靈寶經」，誦五千文，崇黃老道，符籙符水治病，組織教團，自稱太上親授三天正法，受（自）命天師。張陵傳子衡，衡再傳魯，張魯遷居漢中，歸順曹魏並受封為萬戶侯。五斗米道改名為天師道，元大德八年（西元 1304 年）改稱為「正一教」。

四、漢靈帝時（西元 168 至 184 年）：河北省南部鉅鹿出身的張角，信奉黃老道，更傳教太平道，甚得農民的支持，聲勢浩大，但因黃巾起義失敗，張角病被戮死。

　　張道陵的聲譽與影響都高過甘忠可和于吉等，所以後世論及道教的創教者，自然都認為是東漢的張道陵了。至此，才算勉強的完成了制度化的「成立道教」。

道教的歷史沿革與教義派別

一、東漢末期：黃老道分為三支：一為張角的太平道，二為張魯的五斗米道，三為魏伯陽的金丹道。太平道因黃巾起義失敗而遭剿滅，而致中絕。五斗米道在張道陵的四世玄孫張盛時，移居江西龍虎山，世襲張天師，代代相傳，以迄於今。

二、漢代：金丹道的創立者魏伯陽，為吳之會稽上虞人。他撰寫「周易參同契」，內容以煉丹術為中心，奠定了後世道教丹鼎派的理論基礎。參同契托易象而論述：以「乾坤」為鼎器，以水火為化機，以五行為輔助，以「離坎」為夫妻；合夫妻以拘其交媾，以陰陽二元素之配合變化理論，闡明煉丹、養生之原理與方法，也涉及行氣、導引及房中術……等。

三、東晉初期：葛洪（西元 283～343 年）丹陽郡句容人，著有「抱朴子」一書，該書為道教非常重要的典藏道書。分為內外兩篇：內篇言神仙方藥、鬼怪變化、養生延年、禳邪卻禍，屬於道家。外篇言及人間得失、世事臧否，屬於儒家。葛洪將符籙與丹鼎兩派的教義與方術予以統合，並將神仙理論重予建立，使玄學的道教與神學納為一體，以「玄」為宇宙之本源，勸人修道當先立德。

四、魏晉南北朝時：陝西終南山樓觀道派為道教張本（樣版）之地。宣揚尹喜得自老子的道德經，內容涉及宇宙觀、人生觀及政治思想。主張「道生一，一生二，二生三，三生萬物」；道之根

本為自然，道為宇宙之本源，是創生萬物之總原理或原動力。此派王浮以老子化胡經詆毀佛教，為最早投入佛道之爭的道教徒。

五、北魏寇謙之（西元 365～448 年）托言天神李老君降授經書並授予天師之位，令其清整道教，除去三張偽法，宣導「新科之誡」提倡禮法。他引入佛教六道輪迴，因緣報應之教義。魏太武帝曾為寇謙之建造道場，並以「新天師道」教派的道教為國教而排斥並禁止佛教。

六、陶弘景為丹陽秣陵人（今江蘇南京市），經歷南朝宋、齊、梁三個朝代。對陰陽、五行、星算、醫藥等極為精通，是南天師道陸修靜的再傳弟子。他著述道書最著名的有：「真誥」、「養性延命錄」、「真靈位業圖」等，為道教奠基之作。陶弘景採取三教調和，佛道雙修的態度，使道教向義理化發展邁進一大步，他開創了道教茅山宗。

七、唐朝時期：道教以唐朝皇帝姓李，遂利用崇奉「太上李老君」，以老子為道教的主神教祖而與皇室結合。唐武宗師事趙歸真道士，歸真乘寵而毀佛，演成「會昌滅佛法難」事件。此期道教最為鼎盛，到處有官設道觀，科舉時加考道德經。唐玄宗任用道士為官吏，致使偽道士橫行……。道教煉金丹為求長生，但卻屢使天子及皇族中毒（汞——水銀、砒霜及重金屬）。

八、宋朝時期：宋真宗和徽宗都崇尚道教，宋真宗為求統治地位之安穩，擬藉神力安定民心，於是偽造天書，編造神話，模仿唐朝崇老子為教祖的辦法以抬高皇室的地位，自言夢見天神傳達玉皇大帝之命，謂保生天尊大帝趙玄朗乃是趙帝王之

族祖。宋徽宗甚至冊封自己為教主，集天神長生大帝、道君皇帝於己身。重道而排佛之後，道教開始墮落腐化。

九、元朝時期：成吉思汗請全真教道士丘處機（丘長春）為之說法，尊稱其為丘神仙。全真派興起以後，道教便出現了「北宗」與「南宗」的分立。南宗傳自白玉蟾吸取佛教禪守及宋代理學思想入道。北宗王重陽則主張三教合一思想。道教在唐宋時代得勢，恃勢而三番兩次詆毀、滅佛。在元代，由於釋道之爭，道教受挫折，蒙古（元）憲宗八年（西元 1258年），元世祖忽必烈至元十八年（西元 1281 年），曾經兩次遭受焚經的打擊，但在民間的勢力依然存在，不久，又盛行起來。

十、明、清兩朝及其後：明朝成祖朱棣為了政治緣故，在湖北均縣武當山為道教大興土木，營造了八宮二觀，金殿及紫金城等，勞役民工三十餘萬，費時七年。這只是王朝利用皇權控制和利用宗教而已。中國的武術，佛教以「北少林」，道教卻以「南武當」而相互媲美。

　　清朝政府對待道教的態度，冷漠嚴峻，造成雖然仍有眾多信奉者，但盛況已大不如前，呈現出衰落的景象。

　　二次大戰後，第六十三代張天師（恩溥）逃難來臺，於民國五十八年底病逝。今第六十四代張天師（源先）為其堂侄。道教在台灣於民國五十五年二月成立「中華民國道教協會」，長期皆為中國國民黨黨政要人及其黨工把持，戒嚴後，正一教天師道的名聲及影響力，已逐漸衰退。

　　道教的教派繁多而龐雜，據北京白雲觀所藏「諸真宗派總簿」記載，全部有八十六派，其後再分出的新教派不知凡幾，但在歷

史上著名的重要教派，前面大都已介紹過。其他，在南方還有許
遜（許真君）所開創的淨明道（又叫忠孝道）。在北方也有蕭抱
珍為開山祖的太一教。此派以老子為主神，傳授太一三元法，教
團後來卻已中絕。還有劉德仁所創的真大道教，和林靈素所創的
神靈派，但教團也都中絕了。

道教的經典──道藏

　　宋朝曾五次詔令搜集道教經典，每一次得道書均逾數千餘
卷。道教書箱稱為「雲笈」，意即白雲仙境中收藏經書的箱子。
「七籤」即七部之意。道教分經書為：三洞（即洞真、洞元、洞
神）、四輔（即太玄、太平、太清、正一），總稱為「七部」，
分為十二類。宋朝張君房編輯「雲笈七籤」有一百二十二卷，對
後世道教有極大的影響。道教的書籍收集廣泛而龐雜，除了道家
和道教的典籍以外，也收集了天文、曆書、地理、兵書、醫書、
易、陰陽、占卜、巫祝、諸子百家、宋明理學等，浩繁無比。其
中，道士與信眾最常用者有：太上感應篇、老子的道德經、文昌
帝君的陰騭文、關聖帝君的覺世真經、玉曆鈔、勸世書、功過
格……。

道教神的系譜

　　道教神明的系統圖譜，依道教宗派的不同而有差異。道教的
第一神為元始天尊，居清微天的玉清宮；第二神為靈寶天尊，居
禹餘天的太清宮；第三神是道德天尊（即老子，亦稱太上道君，
或簡稱李老君），居大赤天的上清宮。道教創始人張道陵奉老子

為道教祖師爺，尊為太上老君，以老子「五千文」為主要經典。唐朝亦以老子為道教始祖，外國宗教學家也都以老子為道教的教主。中國早期道教經典或古代神話中，並無元始天尊，直到晉朝的葛洪在「枕中書」才有其名目。民眾道教在民俗的民間信仰中，是以玉皇大帝（昊天上帝）為最高天神。西遊記小說中說玉皇大帝居住天宮，金碧輝煌的靈霄寶殿是萬神之王的玉皇大天尊玄穹高上帝，俗稱天公，那是凡夫俗子、婦孺皆知的。

在玉清宮之下，最高「領導」神，還有四位天帝，稱「四御」，在台灣無四御大帝，卻認為是四極大帝，即：北極紫微大帝，南極長生大帝，東極青華大帝，西極皇天大帝。此外，還有天官賜福、地官赦罪、水官解厄的三官大帝。亦即：上元天官、中元地官、下元水官的三官大帝——三界公。還有五老：東王公、西王母、北水精、南赤精、中黃老。星宿有：太陽星君、太陰星君、水德星君、火德星君、魁斗星君。斗母元君、五方位的五斗星君和四靈星君（即：東方青龍、西方白虎、南方朱雀、北方玄武（龜蛇）。九天應元雷聲普化天尊、雷公、電母、風神、雨師。天皇、地皇、人皇、女媧、伏羲、黃帝、神農（五穀王）。九天玄女、八仙。以上多屬天神、天仙，接下來再說與生活密切的地祇諸神有門神、灶神、城隍爺、福德正神、后土神、天上聖母媽祖婆、順天聖母陳靖姑、保生大帝大道公、玄天上帝、北極大帝、中壇元帥（太子爺李羅車）、三山國王、五岳大帝、文昌帝君、梓潼聖君、至聖先師孔子公、武聖關聖帝君、註生娘娘、十二婆姊、孚佑帝君（純陽祖師）、清水祖師。想賺錢的有財神爺，想結婚的有月下老人，還有古聖先賢，道教之神多得數不清（請恕從略）。

道教在台灣的現況

　　台灣道教不同於中國道教，正如中國佛教有異於印度佛教。原因是：先民移民台灣時，需冒險過台灣海峽黑水溝，抵臺以後還有風颱與水災，有瘟疫與番害，為求生命安全，特別需要神明的庇祐，為此，臺民對宗教信仰較熱情、迷信，中國人則較冷靜、理性。台灣信徒不怕天神，卻偏懼怕地祇鬼靈。

　　台灣的道教是各立山頭，多數寺廟不分，神佛和平共存，信徒大多是通俗信仰的「民眾道教」，見廟燒香，看神即拜，也不管他是什麼神。每年例行的進香遶境、做醮、燒王爺船、燒金銀財寶……「正信」可以，狂熱「迷信」得太離譜時，勞民傷財又傷身，吾人不知是何「道」理？也不知是「教」化了什麼？看來，台灣的教育似乎有需要「宗教教育」的課目。

後語

　　宗教是神聖的：導遊在導覽工作時，只可向客人做宗教介紹，而千萬不可以任意評論。吾人對各種宗教都應該「一視同神」，而不分中外或東西洋。寺廟、宮觀、教堂都是神聖嚴肅的地方。在帶團參觀時，務須交代旅客保持靜寂而不喧嘩吵鬧，對於神像不可指指點點、評頭論足，對於供奉的祭品犧牲果物，絕不可隨手觸摸或拿起來解說，那是很失禮的。

　　導遊在解說時，宜儘量降低聲音的分貝，和避免干擾到信徒的燒香拜拜祈禱。更不要影響到別團的導覽工作。最後在「放雞屎，也該生雞蛋」，不要忘記向客人說明在外國參觀教堂寺院時，大都要脫鞋，買門票拜觀料等，在台灣不收門票，卻是「自由添

油香」的！宜順便帶客人見識「御賽錢箱」，告訴客人有添油香，
會得福報。讓客人高興參與感和希望得到福報的快樂。（添油香、
賽錢箱是樂捐，建議您：謹供參考，點到為止，不宜勉強。）

神道教

神道教是日本民族特有的思想與信仰，以祭祀為主要行事而延續下來的宗教。關於諸神受到崇拜的繼承而成為現在的神道，其歷史淵源，可追溯到遠古的彌生時代。

神道教是自然發生的，自然成長的，所以也沒有特定的經典。古代的祭祀場所，也是在大自然的山岳、巨石、神木的天然地點舉行的。神道認為人類是自然的一部分，是以大自然為母體而衍生出來的。

神道教的教義，實在很難下定義，但以人類與自然共生，最重要的是在「誠心」，虔誠的心，便是神道教的教義。所謂「誠心」，就是指沒有私欲和邪心。以「虔誠之心」向神祈禱、祈念。這就是神道教的信仰狀態。

神道教是日本固有的民族信仰體系，一般人都稱之謂神道。然而，神道在日本固有的宗教信仰裡，隨著歷史發展而受到很多外來思想的影響，曾經發生很大的變化。神道一詞，在歷史上是有不同的面貌，從古代、近代到現代，神道都順應了時代的需要而教義內容也都有改變的。

神道的語源：神道在中國從古代就已經使用過，例如易經繫詞的「觀天之神道，而四時不忒。聖人以神道設教，而天下服矣」。後漢書西域傳：「邈矣西湖，天之外區。土物琛麗，人生徭虛。不率華麗，莫有典書。若無神道，何恤何拘。」又曰：「西方有神，其名曰佛」。日本書紀「用明天皇」前紀篇「天皇信佛法尊

神道」。孝德天皇（645-654）前紀「（天皇）尊佛法，輕神道，為人柔仁好儒」。由此可知：神道含有中國儒家思想和印度的佛教思想的。

從神道一語的由來可以看出：日本的神道：實際上受到儒教、道教和佛教的影響，而把宗教與相關事項，用來做為施政的手段，做為治國平天下的要道。例如古代的政治組織：

陰陽道與天文，隸屬陰陽寮（宮廷命官），由中務省管轄。

咒禁與醫師，隸屬典藥寮，由宮內省管轄。

儒學與書數，隸屬大學寮，由式部省管轄。

僧尼與巫女，隸屬玄蕃寮，由治部省管轄。

神祇與祭祀，官制與太政官並列，由神祇官管轄。

日本的古代社會，完全是屬於農耕生活的社會，宗教信仰都順應自然。以地緣的聚落、血緣的氏族，所形成的古代社會，都要奉祀土地神（社神）和祭祀祖先。對於人在生活上所須要的食物和重要武器或生產工具，都予以神聖化視之。例如高山視為靈峰，相信山神精靈。山會湧出泉水，為水之源，所以山神也就是雨之神，水之神。太陽能滋生萬物，農作物，故信仰日神。

日本人對於神佛的優先次序，在其歷史上，也有過爭議。從信佛法重天道到輕神道，到神佛調和，神佛同一。認為原產自印度的佛菩薩，為普渡眾生而垂跡至日本，就是日本的神明。又有：大日如來，大日本國就是大日的本國。又以為：以印度為本，以日本為末，即本末倒置。自認：日本為宗主神國。自國意識高張，以「國家神道」，以內宮奉祀於伊勢神宮的「天照大神」為至上主神，排斥佛教思想和中國思想，將神道天照大神置於儒教和佛

教之上。然而，對於一般民眾而言，卻是傾向於「神儒佛，三教一致」的，這就是「民間神道」的日本通俗信仰。

神道教派分支，有山王神道、卜部神道、儒家神道（註）、復古神道、教派神道和神社神道等。『神社神道』是明治政府以後最興盛的，以神社行政為國家之宗祀，以神社神道為國家神道或國體神道，而將其他宗教置之於神道外而特別管理。

神道教的神明

天照大御神（あまてらすおおみかみ，Amaterasu Ō Mikami）指在天空照耀的日神、太陽神，謂為日本皇室的皇祖神、祖先神。居於天上的高天原天國，位居日本八百萬神之上，日本三重縣伊勢市的伊勢神宮，便是奉祀天照大御神的。

創造國土之神，創造「大八洲國」的日本國土，並生產眾多神明的主神，男神叫「伊邪那岐命（いざなぎのみこと）」（天尊、天王），女神叫「伊邪那美命（いざなみのみこと）」（皇后、天后）。（出自：日本神話故事）

創立國家之神而讓位給天孫的「大國主神」，受奉祀於「出雲大社」，位在島根縣。

民間信仰的神明：山神、海神、猿神、水神、火神、河神、田神、灶神、門神、屋神等等，又有保護地方的神明為「道祖神」，保護婦女安產的神明為「產土神」。

八百萬神明（やおよろずのかみがみ，Yaoyorozu No Kamigami），八百萬是表達數字眾多的意思，神道教的神明如同印度教為多神教，也容有儒、道教的多神狀態，各種神明都有。

　　八幡宮的「八幡神社」：日本全國有三萬以上的八幡神社，總本宮在九州大分縣伊佐八幡。

　　靖國神社：鎮座於東京都千代田區九段坂上，總面積三萬三千坪，奉祀自明治維新起到第二次世界大戰止，為日本國戰爭殉難者之御靈魂，約二百五十萬人之靈魂，明治三年初建時名為招魂社，明治十年起改稱「靖國神社」迄今。每日晨昏有神職人員誦經禮拜，每年春秋二季有國家級大祭拜（春季 4 月 18 日至 4 月 22 日止，秋季 10 月 18 日至 10 月 22 日止），另於每年 7 月 13 日至 16 日有慰靈祭。通常平日參拜者除了遺族之外，一般國民與遊客也不計其數，絡繹不絕。

　　第二次世界大戰後，靖國神社神道教已經脫離了國家管理而與其他宗教並列，並強調宗教方面的教義。然而，在行政方面雖然是與其他宗教並列，但是她和日本國家社會的關係並沒有完全的絕緣，所以在日本國民的心理上或感情上，神社神道的分量，仍然是比其他宗教為重的。

　　神道教是日本固有的民族信仰，但是她的教義卻是容納了中國的道教、儒教和印度的佛教，再加上日本自古即有的通俗信仰在內，所以內容相當龐雜，是日本人專屬的民族宗教。

附錄：儒家神道

　　日本幕府時代，德川家康治世，以儒教，特別是以「朱子學」為治國之道。一般儒者排佛思想很強。因此神道教也由佛教傾向而轉移到儒教這一邊。有近世儒學之祖尊稱的藤原惺窩，後來甚至倡言：「堯舜之道與神道是一致的」。其弟子林羅山也是幕府的儒臣，他在「本朝神社考」中有言：「日本是神國，王道乃是由天神所授與者。」又說：「神道即易道。雖曰神道，實即如易道也。」

　　神儒合一的想法，可謂儒者所講神道說的常例或定例。自室町時代即存在的神道諸派，直到近世，也都採取儒家傾向的主張。蓋因日本當時最著名的神學者，國學者、儒學者，都認為儒家思想是適合國家主義和勤王思想的。

西藏佛教（**Lamaism**）

　　喇嘛教是以西藏為中心所興起的佛教的一個派系。南側有錫金、不丹、尼泊爾，北邊到內、外蒙古，滿洲（中國東北），東部到中國的甘肅、四川、雲南，西邊傳播到克什米爾地區。喇嘛教即是西藏密教，或稱為藏傳佛教。

　　喇嘛[1]是西藏語敬稱僧伽（比丘、和尚），意思是「上人」、「長老」，相當於梵語（印度語）的 guru 上師，也可解說為「善知識（Kalyana- mitra）」。佛教說「佛、法、僧」三寶，西藏密教卻必須在佛、法、僧之外再加「喇嘛」而成「四寶」。西藏的佛教徒都要拜一位喇嘛為師才算皈依，如果不拜喇嘛為師，那就無法得到佛法的加持，是無法成佛的，因為他們都知道：釋迦牟尼佛得道成佛也是拜過「上人」為師的。

　　佛教傳入西藏始於三世紀中葉，當時西藏的國王是多多利難贊（Tho-tho-ri gnan-btsan）。據說：從宮殿屋頂的虛空降下了佛像和經典，才開始有佛教。古代西藏的文化十分落伍，普遍盛行土著的苯教（Bon-po，或譯　教）的原始信仰，極力抵制佛教。

　　到了西元六世紀，西藏出了一位明王松贊干布（西元 569 至650 年），以拉薩為中心，統一了青藏高原諸部，建立了吐蕃王朝。松贊干布先娶了尼泊爾國王的女兒布裏庫提（又名赤尊），西元 641 年又與唐朝聯姻，娶了文成公主。傳說文成公主攜來了

---

[1]　據西藏新志：「喇嘛爵秩有十數等，最尊者曰國師、曰禪師，次曰札薩克大喇嘛，曰副札薩克大喇嘛，曰札薩克喇嘛，以上給印，餘給箚符。其次曰大喇嘛，曰副喇嘛，曰閒散喇嘛等。」

釋迦牟尼佛像，現供奉在拉薩大昭寺。松贊干布在拉薩周圍建造四邊寺及十二座小廟，還修造許多大小道場。各寺廟所供奉的聖像有釋迦、彌勒、觀音、度母、佛母、光明佛母、妙音天女⋯⋯等。還派遣大臣到印度去學習梵文與吠陀經典。回到西藏以後，仿照梵文字母音義，創造成西藏文字，並翻譯了許多佛教經典。

西元八世紀中葉，赤松德贊（在位西元 754 至 797 年）幼年即位，受到苯教貴族壓制，成年後對苯教進行反擊而再興佛教。自印度請來高僧寂護與蓮花生。蓮花生號烏金大師，入藏後，以密教為主，融合顯教的中觀論與土生土長的苯教。創立了一種嶄新的教派──就是西藏密教，也就是「喇嘛教」，蓮花生上師就成為喇嘛教的開山祖師。由於這一教派的僧侶所穿的袈裟都是紅色的，所以也叫做「紅教」。據說蓮花生善於咒術，神通廣大，能以巫術咒術降伏一切妖魔非人，迎合土人相信驅魔攝鬼的傳統心理，將苯教的神靈穿上佛教衣裳，使苯教徒也能接受佛教。

西元九世紀，朗‧達磨王就位後，迷信苯教而激烈排佛，毀壞佛堂伽藍，迫僧侶還俗，將佛像、佛典付之水火，於西元 842 年被暗殺。吐蕃王朝崩潰後，混戰分裂到十世紀末，才告平息。西元 978 年，佛教從多康地區重新傳回西藏。

西藏長期分裂割據，形成各地區各自為政的政治文化中心，這就是滋生佛教宗派的主要原因。到十一至十二世紀時，繁衍出寧瑪派、噶魯派、薩迦教派、噶舉派等四大派和八小支派。十一世紀時，印度來的阿提沙，吉祥燃智菩薩創立了甘丹派，對於喇嘛教的復興貢獻很大。同時期，西藏喇嘛孔道卡爾波也開創了薩迦派。十三世紀時，元世祖忽必烈以懷柔政策，請薩迦派五祖八思巴到北京，封他為大元帝師，由於元室的尊奉，喇嘛教迅速的

傳遍亞洲各地。到十四世紀時，宗喀巴（西元 1357 至 1419 年）鑑於喇嘛的日漸墮落，遂出來改革。他繼承了甘丹派重視戒律，將舊派喇嘛可以飲酒、可以娶妻的做法予以絕對的禁止，也禁絕了苯教的巫術成分。為了與舊派有所區別，新創立教派的喇嘛從西元 1388 年開始，改穿著黃色袈裟，所以一般人就稱新創的教派為「黃教」。

黃教的喇嘛教興起後，舊派紅教從此沒落不振。宗喀巴（本名羅桑扎巴，出生於今青海省湟中縣塔爾寺的地方），他有兩個衣鉢弟子，一個叫根登珠巴，一個叫凱珠巴。經過「轉世」後，根登珠巴就成為達賴喇嘛，凱珠巴就成為班禪喇嘛。達賴乃是蒙古語，表示其學問和德行廣深如大海，無所不納也，世人認為是呼畢勒罕自在轉生的活佛，華人信徒則認為是由觀世音菩薩轉生的，是觀世音的化身。

達賴喇嘛是黃教的教派，黃教的基本教義是宗喀巴定的，他的思想體系是對噶當派發展出來的。他在「緣起讚」中說，世間一切煩惱皆由無明起，只有懂得「緣起性空」的道理，才能克服「無明」，達到「明」（智慧），超出世間。「緣起性空」成為黃教的認識論和世界觀。緣起最根本的業感緣起，即善有善報，惡有惡報，業力不失，因果輪迴。

喇嘛教即西藏佛教，思想哲學為「中觀歸謬論證派」，以「無上瑜珈」最奧義的實踐修行為最大的特徵，這些都繼承印度佛教的傳統，而集大成於西藏。

達賴喇嘛從十七世紀以來，都是西藏佛教的活佛教祖，駐前藏拉薩布達拉宮，總攬政治、宗教、軍事、經濟等大權，現在的達賴喇嘛丹津嘉措為第十四世，因遭受中國的迫害，從西元 1959 年起，流亡在印度。

附錄：歷代達賴喇嘛世系

1. 根登珠巴　　　　（西元 1391 至 1472）
2. 根頓嘉措　　　　（西元 1476 至 1542）
3. 索南嘉措　　　　（西元 1543 至 1588）
4. 雲丹嘉措　　　　（西元 1589 至 1616）
5. 阿旺羅桑嘉措　　（西元 1617 至 1682）
6. 滄深嘉措　　　　（西元 1683 至 1706）
7. 格桑嘉措　　　　（西元 1708 至 1757）
8. 儉杯嘉措　　　　（西元 1758 至 1804）
9. 隆堆嘉措　　　　（西元 1805 至 1815）
10. 崔稱嘉措　　　　（西元 1816 至 1837）
11. 楷軸嘉措　　　　（西元 1838 至 1855）
12. 稱勒嘉措　　　　（西元 1856 至 1875）
13. 禿丹嘉措　　　　（西元 1876 至 1933）
14. 丹津嘉措　　　　（西元 1934 至　　　　）（現在的達賴喇嘛）

景教（**Nestorian-Christians**）

　　基督教的聶斯託利教派，創教者聶斯託利為敘利亞人，曾任君士坦丁堡主教，倡說：耶穌基督一身不兼人神兩性。主張兩性分離說，說瑪利亞僅生產耶穌之身體，而不生產耶穌之神聖性，故不應當稱呼瑪利亞為聖母或神母；說有母者惟人性為然。此派在當時備受迫害，後傳入波斯，並及印度、阿拉伯、巴基斯坦、埃及等地。

　　西元 431 年，被基督教宣布其為異端；於西元 435 年被放逐到波斯，轉入中東，再輾轉東傳到印度。於西元 631 年，在唐太宗時（西元 627 年至 649 年），由波斯傳入中國。

　　唐貞觀九年，波斯人阿羅本（Alopen）自波斯齎其經典至長安來呈獻，唐太宗優禮之，命其譯成中文，貞觀十二年勒令建景教波斯寺度僧，信徒漸增。高宗時代，各州已建有波斯寺。玄宗時代，天寶四年，因景教出自大秦，故而下詔改波斯寺之名為大秦寺。從此，流行約二百餘年，至武宗時（西元 841 年至 846 年），與佛教並禁，遂絕跡。有「大秦景教流行中國碑」，於明朝天啟年間，在西安附近掘得，內文詳述景教傳入中國的經過情形。

　　景教在十六世紀時，分裂成兩派，其一為「聶斯託利教派」（Nestorian Christians），另一派稱謂「加里底亞教派」（Chaldean Christians），後與羅馬公教（天主教）合流。

新興宗教

巴哈伊教（**Baha'i Faith**）

　　巴哈伊教於西元 1844 年創立於伊朗，在台灣原稱為大同教（曾被譯為巴海教）。該教乃是由伊朗伊斯蘭教什葉派之一巴孛（Bab'）教派的一弟子所演化、發展而獨立成新的世界性宗教。本教派創立者——教祖巴孛於西元 1850 年被槍斃後，信徒受到迫害，只好潛入地下活動，逃亡外地，到達巴格達而繼續傳教。其弟子米察‧耶夫野（Mirza‧Yahya）和他的義兄米察胡笙‧阿力奴利（Mirza Husayn 'Ali Nuri, 1817-1892），信徒們將前者尊稱為蘇費‧阿查（Subh-i-Azal），後者尊稱為巴哈‧阿拉（Baha 'Alliāh，神之美）。受到波斯王的邀請，奧斯曼政府把這兩人移到阿特立阿諾布。義兄弟在此分離，教團也分裂。後來，蘇費‧阿查被流放到賽普勒斯島上，巴哈‧阿拉則被流放到敘利亞的奧卡地方。七十幾名信徒都追隨巴哈‧阿拉。不久，在此紮根的巴哈‧阿拉把巴孛教派改變成極為人性化（Humannestic）的新宗教。她已經完全脫離了伊斯蘭教派而獨立發展為巴哈伊教了。

　　創教主死後，其子阿巴斯‧埃芬蒂（'Allbas Effendi）繼承其位，襲教名為阿布達‧巴哈（'Abdal- Baha）。他到歐洲和美洲去佈教旅行過，特別是在美國佈教得到大成功。

　　巴哈伊教的主要教義主張：要正確的生活，不可以妨害任何人，為此，人類必須互相愛護。即使對不正不義也要強忍而不起暴動，必須要向善的方向走去。對人對事都要謙虛處理，獻身為病患之救濟，需要以促進世界和平為終極的目的。受到基督教的影響，明顯可見，其他的伊斯蘭教徒、猶太教徒、基督教徒、自

由主義者等，也都感受到恰如其分的關照與愛顧。巴哈・阿拉的其他著作，被翻譯成各國的國語。信徒數在伊朗約二百多萬人，其他印度、蘇聯邦、美國以及其他地區，擴張到世界各國去。日本也有該教的傳教本部，也有相當多的信徒。在台灣的信徒約有一萬六千人以上，全世界已有五百萬人以上的信徒。

巴哈伊教（在台灣原名：大同教）的信徒信仰惟一的上帝，據說：上帝派遣救世聖使「上帝的顯示者」，正是各宗教的創造者：如亞伯拉罕、摩西、釋迦牟尼、耶穌基督、穆罕默德等，代替上帝宣達啟示。但人類多不聽從聖使的教導，所以上帝再派一位聖使到人間，教導人群知所友愛，這位聖使就是巴哈伊教（大同教）的創教人，是該教先知巴哈阿拉（Baha 'Allah）。

巴哈伊教把世界各大宗教的創教人都列為上帝聖使，為此，其教義中心就是：天上之主為惟一，世界各宗教本質為一同源，世界人類為一家。其戒律如下：

1.清潔、

2.祈禱、

3.齋戒、

4.工作、

5.宣講上帝之道、

6.結婚、

7.效忠政府、

8.禁止飲酒、

9.禁止賭博、

10.奉獻教會基金。

總結一句話：教人「做好人、做好事」就是了。

　　在組織方面：每一地區信徒要設立一靈體會，從教友中選出九人為委員，每一國家或地域中選出九位教友，組成最高組織，參加設於以色列的「世界正義院」。台灣於西元 1966 年底登記的教友已將近五百人，教區達四十七個，西元 1967 年 4 月組成「大同教台灣總靈體會」。台灣地區教友多為高級知識分子，教義中強調人類必須獨立追求真理，反對科學與宗教之對立，反對暴力犯罪。因為其宗旨與中國傳統之大同思想相符合，為此，巴哈伊教在設立時便命名為「大同教」。

天理教

立教教主

日本人中山美伎（女性）（Nakayama・Miki）於西元 1798 年 4 月 18 日誕生在大和國山邊郡三昧田村，為村長前川半七正信的長女。13 歲時便嫁給中山善兵衛為妻。

立教時間

西元 1838 年 10 月 26 日為立教日。天理王命天尊降臨啟示謂：「吾乃宇宙元神、萬界真神，與此宅院有元始因緣，將借用中山美伎之身體做為神龕。」

從此，父母神就「附神」於中山美伎身上，她就成為教祖，時年 41 歲。

立教地點

日本大和國山邊郡庄屋敷村（今之奈良縣天理市）元始宅院（原地）甘露臺的地方。

歷史背景

幕府藩制崩潰時期，身為沒落地主主婦的中山美伎，由於封建制度的重壓，過重勞動，丈夫放蕩，愛兒之死，在自己和家族的病難和窮迫等苦惱下，又逢社會的變亂，突然於西元 1838 年

的 10 月 26 日宣稱：自己受到「天理王命」的啟示說：「吾乃宇宙元神、萬界實神，要來改造社會，救濟窮困百姓，欲將美伎做我神龕。」等，因而吸引了農民信眾。

樸實的主婦宣稱為神明附駐其身。她勤勉而樂於助人，熱心佈教的結果，獲得勞苦貧弱信眾的信心與支持，在西元 1864 年終於建置了為信眾講道和集會用的「勤務場所」，以後並定期舉行祭祀神明，「奏神樂和跳聖樂舞」。

初期，因為與神道教的大和神社發生衝突，曾經遭遇警察取締的政治壓迫，也曾被禁止佈教。但是教權越受壓迫，教團卻越成長。

中山美伎在仙逝昇天時，信眾已逾三萬人。教團由木匠出身的飯降伊藏領導。在明治二十年代的反動期，政府為確立天皇制而政策性的利用宗教，上層部終於與教團妥協，收編為神道本局屬下之宗教，但是政府仍然訓令祕密警察加以監視。直到明治四十年（西元 1908 年）時，才獨立而成為政府公認的神道教派。在第一、二次世界大戰期間，該教團也盡忠為帝國效勞，信徒大增，教團大為發展，佈教區遍及全國，甚至於進出到海外發展。

天理教祭儀

稱「元神、實神」為天理王命（天尊之意），以因緣之地、因緣之人的中山美伎，實神下降，附靈在她的軀體而顯現。以ク（KU）・ニ（NI）・ト（TO）・コ（KO）・タ（TA）・チ（CHI）・オ（O）・モ（MO）・タ（TA）・ル（RU）等，五組男女合十柱為神的總稱，又稱為「月日之神」。

往後所編經典中，雜有日本「古事記」所寫的諸神，和佛教經典的故事，還有現代進化論等。該教又以父母祖神「播種」創造人類、孕育人類之場所為聖地（稱為地場，又稱原地），亦即中山美伎住宅的所在（位於天理教本部神殿中心，造有甘露臺）。謂：神造人的原意，是要看人人過著爽朗的生活的，但是由於人心有陰影（灰塵）阻遮著，所以才會遭遇到苦難。為此，天理王命讓真神入住教祖軀體，神明（附身）以「理」教人，以疼惜子女的父母心，幫助信眾脫離苦海和災厄。教祖指示：人應自覺，身體以及一切身外物，都是向神借來的，信者應放棄貪欲、傲慢等八種污塵穢物，誠心勤勞服務奉獻神明，功德精進，心身才能得到健康和幸福。

儀禮依照神道式，不置神像。但向祖神地場方向，懸鏡禮拜之。教主稱為「真柱」（Sinbashira）為世襲制。又勸信徒需擇期「回歸」人類故鄉的「原地」朝聖，到甘露臺謁祖，參加祭典。

教團現況

教會有 15,700 所以上，遠在美國、巴西、印尼和台灣本地都有教會。信徒約在二百萬人以上。在日本奈良市有天理大學，有競技場和文化設施等。在各教會都有圖書館。在日本政府早已公認為既成宗教，確保了社會地位。但教團分離獨立者也有不少。天理本道對「高山（政治當局者）」施政而嚴苛的批判，雖然曾經多次受到警察的取締，但是政府禁教的壓迫對於新興宗教佈教卻是給與很大的啟示和影響。

天帝教

概說

　　天帝教是信奉（玄穹高上帝）為宇宙之主宰，並認為是世界最古老的宗教。天帝就是古代中國人所信奉的上帝，同時亦即與西方宗教徒所信奉的上帝相同。天帝教說：「天帝創造宇宙之後，即立教行道於宇宙之間，遴派代表或使者，降生世界，創教救世，行道教化，教名雖然不同，道統卻從未改變。

天帝教淵源

　　據天帝教文獻顯示：該教道統衍流如次：

　　第五十一代　天極教，教主盤古氏，傳五世代。

　　第五十二代　天源教，教主軒轅氏，傳十五世代。包括：興昌五世——神德教主唐堯，神穆教主虞舜，神明教主夏禹，神隆教主周公，文宣教主孔聖。

　　第五十三代　天鈞教，教主　鈞天上帝，統御五輔宗，即：（1）太上教主，主張清淨無為；（2）釋迦教主，主張慈悲平等；（3）禦寇教主，主張不息常存；（4）基督教主，主張救世博愛；（5）雲龍教主，承天道教化，自修法技，傳衍道統。

　　第五十四代　天德教，教主　蕭昌明承雲龍法技以濟世，創立廿字真言而教人，蕭昌明原為李玉階的師父。

第五十五代　天人教，教主李極初（即李玉階），承天德教廿字真言正己化人。

復興第一代　天帝教，教主即為天帝，人間不設教主，特派天人教主（李極初氏）為駐人間首任的「首席使者」。傳佈上帝真道，為天帝教之先鋒，奠定人間之教基。

天帝教於民國七十一年（西元 1982 年）二月十五日報內政部許可自由傳播，而於民國七十五年（西元 1986 年）七月十五日奉准設立。

教義與儀規

一、天帝教教義

經奉天帝核定以天人教主李極初氏撰修「新宗教哲學思想體系」，為天帝教之教義，教義之理論、要義與重點如下：

（一）中心思想：以中華文化的仁愛思想與王道精神，以仁民愛物為中心思想。

（二）哲學基礎：以「心物一元二用」，心不離物，物不離心，宇宙之中實為心物並存，以此為哲學基礎。

（三）奮鬥目標：先盡人道，再修天道。以正心、修身、齊家、報國來度世救人，以達成世界大同之終極目標。

（四）精神特質：天帝教義內涵與三民主義融會貫通，在實踐並發揚民族、民權、民生等三大精神。

（五）時代使命：天帝教為悲天憫人與救世救劫性之宗教，除呼籲世人自救與道德重整外，更肩負時

代使命；哀求天帝化延戰爭浩劫，確保台灣（復興基地），早日實現三民主義和平統一中國，祈求世界人類永久和平。

二、天帝教儀規

天帝教重來人間，所立教綱儀規，皆遵天帝意旨，所立天帝教之基本大經大法，須依循下列三大原則：

（一）至真正信的宗教：人類應崇敬宇宙最高主宰──天帝。

（二）至善正確的宗教：追求宇宙真理，闡明宗教哲學。

（三）至美正道的宗教：先盡人道，再修天道而至天人合一。

天帝教以「帝、道、師」為終身服奉之三寶為教寶。以「忠、恕、廉、明、德、正、義、信、忍、公、博、孝、仁、慈、覺、節、儉、真、禮、和」廿字真言為教則。

天帝教建教憲章，在教綱中重要儀規內容，尚有：以天人禮儀為準則，制定有「教壇、禮制……」等五綱十五目教寶、教則之外，還有教約、教程、教乘等。

四大戒律：（1）人生戒；（2）奮鬥戒；（3）平等戒；（4）大同戒。

五項教程：（1）奉行教則，熟念廿字真言，正己化人；（2）反省懺悔；（3）祈禱誦誥；（4）填記奮鬥卡；（5）靜修參持。

三階教乘：（1）奮鬥初乘；（2）平等中乘；（3）大同上乘。

天帝教的組織概況

一、教主

　　教主為「立教始祖──天帝」。按該教「人間不設教主」，然而天帝遴選傳人，授命為「天帝之首席使者」，正是該教的創立人李玉階（極初）先生。

　　天帝教創立人李玉階（1900-1994），道號極初，又號涵靜老人，江蘇省武進縣人。民國十七年（西元 1928 年）初，任財政部宋子文部長之簡任秘書（宋子文為蔣介石之妻舅，為蔣宋美齡的親兄弟）。二年後，李玉階在南京皈依「天德教教主蕭昌明」，民國二十三年（西元 1934 年）轉任財政部特派員，抗戰時，曾在華山修道，著「新宗教哲學體系」。民國三十二年（西元 1943年）李玉階自立門戶，創立（天人教）。

　　來台灣以後，於民國四十年（西元 1951 年）起接辦自立晚報，其後十五年，曾為爭新聞言論自由，憤而退出國民黨以示抗議。曾闢「天聲人語」專欄，甚得廣大讀者的喜愛，也曾聯合各報推動「新聞自律」，為台灣新聞自律制度的肇始者。

　　（天帝教）是在台灣創立的，創立人李玉階卻認為天帝教是復興，而非新創。他認為：「（五教聖人）都是在天帝創造宇宙之後，在不同的時間與不同的空間，在不同的民族中，創立不同的宗教，行道教化，都是奉天帝之命而下凡來救世度人的。」

二、教徒

　　天帝教的教徒稱為「同奮」，無種族、國籍、信仰、性別、職業等之限制。凡具有：（1）忠、（2）孝、（3）有信仰、（4）

願救世、（5）肯奮鬥、（6）愛哲學、（7）愛科學、（8）同思想（贊同並信仰天帝教教旨），經同奮二人以上之引進，舉行皈依儀式後，便成為教徒同奮。

三、教務

天帝教在台灣創教復興以來，已在國內北、中、南、東四個教區，於各縣市成立教院三十餘所，教徒已逾十萬餘人，神職人員具備開導身分者有十幾位，具備傳道使者身分者有三十六位，各地教院獻身全職或兼職義務工作人員逾千人以上。本教也在日本及美國西部成立教院，宏揚上帝真道。

結語

天帝教的天極行宮於民國七十二年（西元 1983 年）十二月興建完竣，據說：天帝遴派　國父孫中山和先總統蔣介石，分別擔任為該宮玉靈殿正、副殿主，並交付三大任務：一為鞏固台灣復興基地；二為策動大陸人心，反共革命；三為迫使中共放棄共產主義，接受以三民主義統一中國。

天帝教富有反共產、反暴力、反頹廢、反個人主義等，更富有中華文化仁愛思想與王道精神。胸懷宇宙，關心人類，期使以宗教大同促進世界大同。

天德教

天德教的歷史淵源

天德教以黃帝軒轅氏教民稼穡、製衣冠、定人倫、立制度，以德為政，乃是「德教」，為中華民族惟一古教。堯舜禹湯、周公文王，守其成法。老子孔子，得其傳統，故有道教、儒教留傳迄今。

天德教主張：該教的啟蒙，乃是先天無形道祖（又名無形古佛）在龍華會上，悲憫眾生迷惘沈溺，人間浩劫，生靈萬物將遭塗炭。為挽救此三期延康浩劫，普度眾生，遂以第二分靈眾香妙國佛王之尊，捨其金身，於西元一八九五年倒裝降世於四川省樂至蕭家。世稱蕭昌明大宗師（號稱無形道人），他就是「天德教」的教主。

蕭昌明在七歲即離家，跟隨一奇人異士為童工習藝，後來學得針炙漢方推拿等醫術，為人醫疾救苦。同時又皈依聖道，遇眾則講經說道，為人驅邪消災解厄，做精神治療。後來追隨雲龍至聖修道，而離開四川家鄉到湖南，在此，他得悟道緣，設立華光寶殿，能得與仙聖通音對談。

據天德教文獻記載：蕭大宗師於民國十五年（西元 1926 年）六月二十二日，曾以三才教主身分邀請（群仙諸佛）與（五教聖人）同至華光寶殿，協議以昔日軒轅氏之德教與古聖賢之遺教，創立「天德聖教」為三界之教。蕭大宗師又以天地人三才貫通宇

宙流行之正氣，融會儒、釋、道、耶、回等五教之精義，創頒「忠、恕、廉、明、德、正、義、信、忍、公、博、孝、仁、慈、覺、節、儉、真、禮、和」二十字真言，為該教之骨肉。

天德教的信仰與教義

根據天德教會文宣出版資料指出：

「天德教所信仰的不是一個對象或一個人物，而是一個信念：『道』，這其中包含了『天道』或『天德』的意義，即是『宇宙真理』。……它是超越時空的、超越物質的……是曰『無形』、是曰『道』，道無所不包，歷久長存。本教教主為眾佛群仙恭稱曰『一炁宗主』，乃本教信仰中心。」以及「本教教主為教化眾生，集儒之『忠恕之道』、釋之『慈悲喜捨』、道之『道德無為』、耶之『博愛救世』、回之『清真自律』等五教精義，創立該教廿字真言教義（前已述及）。（註：炁，音氣，氣也）

民國十六年（西元 1927 年）二月二日，教主執掌天德聖教視事，並定此後每年一度代理上帝巡查各界。……特此曉諭十方，謂：無法則不能正教，茲定教法如下：

　　本教定名為天德聖教。

　　天地不能違此，違此則崩。

　　佛、道不能違此，違此則墮。

　　儒、耶、回不能違此，違此則失。

　　五行不能違此，違此則碎。

　　萬物不能違此，違此則寡生。

　　各教不能違此，違此則失教。

　　本教不能違此，違此則罪加三等。

教主不能違此，違此則罪加十倍。

風雲雷雨草木春秋亦不能違此，違此則失其序。

眾生不能違此，未頒發令之前，一概赦免，既頒教令之後，違此者，按天律定罪。

各冤魂在頒發令三十年之中，概行速報，否則概行註銷。

以上十二條，天人各界，一體謹遵。」

蕭昌明大宗師為教化眾生，根據前已述及的廿字真言教義，制定了一套廿字心花修持守則：

（1）將狡猾心，換個忠心。（2）將不良心，換個恕心。

（3）將貪污心，換個廉心。（4）將黑暗心，換個明心。

（5）將刻薄心，換個德心。（6）將偏邪心，換個正心。

（7）將利慾心，換個義心。（8）將騙謊心，換個信心。

（9）將暴怒心，換個忍心。（10）將自私心，換個公心。

（11）將狹小心，換個博心。（12）將忤逆心，換個孝心。

（13）將爭奪心，換個仁心。（14）將狠毒心，換個慈心。

（15）將迷昧心，換個覺心。（16）將隨便心，換個節心。

（17）將奢用心，換個儉心。（18）將虛偽心，換個真心。

（19）將異端心，換個禮心。（20）將高傲心，換個和心。

（21）廿字由心，將心換心。（22）死去人心。換來道心。

（23）你心我心，天下歸心。（24）見性明心，萬眾一心。

除了廿字心花守則之外，天德教尚有：道壇適用守則、待人接物守則、精神療養守則、廚房餐廳守則、禪舍守則等，該教道友皆奉行實踐之。

此外，天德教經典分為：天德經藏、天德論藏合稱為「德藏經」，是模仿佛經分為經、律、論三藏。另外還有一部天德行品。

天德教在台灣的發展

蕭大宗師（教主）於民國三十二年（西元 1943 年）一月十五日，在黃山芙蓉居趺坐歸空，位證（無形古佛），（晉封）無極至聖。民國三十八年（西元 1949 年）大陸淪陷，天德教嫡傳弟子王笛卿（字竹笙，號雲天老人）於民國四十二年（西元 1953 年）依隨政府來臺開基宏化，初期在高雄市鐵路新村居處設壇行道。於民國五十四年（西元 1965 年），集同道捐資購屋，設壇於鼓山區瑞豐街。同年復於臺北市金門街及臥龍街等處設立弘道據點。民國六十四年（西元 1975 年）笛卿夫子辭世歸位，果證圓明至聖佛，為天德教台灣開山祖師。

天德教成立「天德聖教台灣區委員會，以王德溥為該教主委，李玉階（道名極初，後自立天帝教）、蕭治道為副主委及六十四人連名，於民國五十四年向政府申請籌設「天德聖教」，但均未獲准許。直到民國七十八年（西元 1989 年）八月十日才獲得核准立案證書，「天德教總會」依法改組成立第一屆理監事會，蕭楚喬道長被選為首任理事長，道務由秦淑德執掌。

天德教的組織與近況

天德教為「師傅」方式的宗教，依據該教教章規定：大宗主（大宗師）、開山祖師以下，由道監、開導師、副開導師、協理開導師等四階級神職人員，皈依弟子分層執掌道務。道務會議為該教最高道務決策機構，各階層神職人員之產生，教章均有詳細規定。

　　近幾年來，該教的宗教活動曾舉辦「消災祈福法會」、「春秋定期法會」等，也舉辦教義、經典、儀規研究的師資培訓班。對社會服務和公益活動，也都受到肯定。近因系出同門的李玉階（極初）創立「天帝教」，天德教頗受衝擊與影響。

軒轅教

前言

軒轅教又稱「黃帝教」。黃帝是中國上古神話傳說的帝王，帝號黃帝，姓公孫，為有熊氏的國君（酋長、首領），少典君與有蟜氏女所生。因為生於姬水之濱，故又姓姬；因為長於軒轅之丘，故又名軒轅氏。有熊氏國少典君娶有蟜氏的女子，生下黃帝外，另生「炎帝，神農氏」，據三皇本紀稱，炎帝之母因「感神龍而生炎帝」，炎帝生於姜水之濱，故姓姜。炎帝教民耕種，嘗百草，治醫藥，故稱神農氏，也成醫神藥王。民族主義者把中國境內各民族合稱為中華民族，說中華民族都是炎黃的子孫，炎黃即指炎帝與黃帝也。一般都以黃帝為代表，稱為中華民族的始祖。

黃帝的母親被稱為無天大聖后，據說因身受「大雷電繞北極樞」的感應而生黃帝。黃帝生成「黃龍種」，以土德德王，而土色黃，故曰黃帝。黃帝的妻子嫘祖，教民養蠶製絲，做衣服。黃帝又發明了造車，故名「軒轅」。有一傳說黃帝活一百十歲，在位一百年，死後葬在陝西省黃陵縣橋山，後代在山麓建有黃帝廟，此廟又名「軒轅廟」。為吸引海內外炎黃子孫的祭拜，今在附近始祖山上雕塑了炎黃二帝巨型塑像，高達一百公尺。坐京廣鐵路經過此地時，在列車上可看到雄偉塑像。

115

王寒生創立軒轅教

　　將上古時代神話傳說人物奉為祭祀的神明，很少看到。在台灣，直到民國四十六年立法委員王寒生創立軒轅教，黃帝才成為一位神明。王氏利用國民黨黨政關係，以備案登記批准的方式而創立了軒轅教。

　　王寒生（西元 1900～1989 年）東北松江省穆稜縣人，畢業於長春東北大學國學系。曾任教於該校，也曾擔任中國國民黨長春市黨部主任委員、國大代表、立法委員等職。民國 38 年隨國民政府遷移台灣，王氏深覺大陸淪陷，河山變色，乃是久缺民族精神所致。於是他發願恢復中國傳統文化，重振中華民族精神，重建中國固有宗教。據王寒生自述：「民國 39 年間某夜，夢見軒轅黃帝，得到祂的降靈啟示，遂自信自己身肩負黃帝始祖交付創建軒轅教的使命。」民國 40 年閉關靈修四十九日，早晚祈禱、心齋、寫經。民國 42 年起開始講解易經、道德經、南華經、孝經等。初期佈道，以民族主義為本，兼及儒家修養之道。

　　民國 46 年 3 月 1 日，王氏開始布教活動，並從古都臺南佈道起，王氏奉軒轅黃帝為中華民族始祖，為教宗，以黃帝子孫歸宗為號召。王氏云：「起初十年佈教經費，均由其個人生活費分出負擔，不向社會勸募。參加者寥寥無幾……」當時有流行語云：「王寒生人到，軒轅教也隨之而到；王寒生人去，軒轅教也隨之而去。」理由是當時政府屬行戒嚴，民生困苦……還有，王氏是學者，是官員，沒有傳教的經驗，沒有得力的幹部……好在王寒生黨政關係良好，得到黨政高官名人的贊助，加上他個人努力奉獻，所以在經費拮据的情形下，三十年間正式歸宗者約二十萬人。王寒生云：「須有基本幹部，才可發展，才能永遠維持下去。」

軒轅教的信仰與教義

軒轅教信仰昊天上帝，上帝就是「道」，高於一切。信道、修道者能獲知宇宙玄機，可達神人、至人、天人合一的境界。教義揉合儒、墨、道三家學說，上崇軒轅黃帝為中華民族始祖，法祖以親睦人群。自然界以天為尊，尊天以貫通宇宙。尊天就是道統，法祖指聖人訓示，就是法統，尊天法祖為傳統的邦本信念，軒轅教奉此為信條。軒轅教繼承黃帝道統為中國的正統和傳統，其使命在淨化現實人生，提高生命價值與歸宿，升高精神境界，普及宗教濟世，促進世界大同。

一、軒轅教的中華道統

中華文化源遠流長，從血緣、歷史、文化習俗結集而成中華道統（軒轅教的道統就是中華道統）如下：伏羲、神農、黃帝（軒轅）、顓頊、帝嚳、唐堯、虞舜、夏禹、商伊尹、呂尚（太公望）、周公、老子、孔子、孟子、墨子、漢、宋、明、民國的國父孫中山和蔣中正。

二、軒轅教的宇宙觀

軒轅教的宇宙觀，是以「道」的思想而建立的。宇宙起源於「道」，起源於虛，起源於無。老子：「有物混成，先天地生。寂兮寥兮，獨立而不改，周行而不殆，可以為天下母。……字之曰道。……」又謂：「道生一、一生二、二生三、三生萬物。」又：「天下萬物生於有，有生於無。」

無即是道，亦即易經所謂的太極。太極稱混元，亦即虛無。太極生兩儀，兩儀生四象，四象生八卦。混元虛無為零，由無生

出有，即由零生出一，亦即由混元生出太極。太極生兩儀，即由一而生出二。此二即陰陽也。由兩儀再生四象，為老陰老陽，少陰少陽也。萬物負陰抱陽，沖氣以為私。人的生命，原與宇宙同體，心物一元，物我一體也。軒轅教的最高目的在昇化、圓通、即天人合一，萬法歸宗也。

三、軒轅教的人生觀

軒轅教的人生觀，主張人本主義，必須實踐孝道。蓋因人之生命雖然來自天降，但須經由父母而生也。老子 25 章後段云：「人法地、地法天、天法道、道法自然。」

崇尚自然，自然極其神祕，欲晉升自然境界，當由修道，修道主要為歸宗，歸宗即歸道。軒轅教的功夫，在原始返終，在還原、還本，本立而道生。軒轅教的修道方法：元士修人道，兼士修地道，宗士修天道，亦即儒、墨、道三家兼修也。修「儒家」的人本主義，孝道、明明德的「人道」。修「墨家」的兼善天下，兼愛、非攻的「地道」；修「道家」的天人合一、玄同、盡性、無為的「天道」。

軒轅教的儀規

軒轅教的儀規型態，首重禮儀生活化，舉凡集會、喜慶、喪葬、祭祀等，都使用宗教儀式。每年舉行三次的年中行事，亦即元月元日的祭天、三月三日的黃帝聖誕、九月七日的黃帝鼎湖升天，皆齋戒而行三獻禮。早、晚頌經、禱告，為日常科儀。

軒轅教的戒律，訂有十戒和五律。

十戒是：信仰上帝、孝敬父母、愛護鄉里、幫助困苦人、作事公正、饒恕他人過錯、不說謊、不貪財、宣揚正道、促進世界永久和平。

五律是：生活律、倫常律、社會律、國家律、世界律（戒與律內容有重複）。

軒轅教的過去與現在

民國 53 年台灣省立博物館舉辦宗教展覽會時，參展者只有道教、佛教、基督教、天主教、回教、理教、軒轅教等七種宗教。排在前面五種宗教的歷史都是超過千年以上的正式宗教，後面的理教和軒轅教卻是從民間通俗信仰中，挑出傳說中的菩薩和神話人物做為教主的新興宗教。他教人士說：軒轅教是依靠中國國民黨獨裁專制、特權默認的特准宗教，民國 60 年代曾經是軒轅教發展最快速的時期。但在民國 76 年 7 月解除戒嚴後，各種新宗教有如雨後春筍一般，陸續突出、冒出。當時受壓迫的一貫道等曾經掛名依附其他宗教，紛紛脫離而獨立發展，曾經發展迅速的新興宗教，如今已逐漸的走向消退而沈寂。而今，日正當中的新興宗教，等到時過境遷，也有可能會被淘汰，也會被擠出宗教市場的。這種情況古今中外都是如此，台灣也不會有例外。

一貫道

一貫道的源流

　　一貫道的人說：「一貫道的源流，與天地同源，自伏羲氏出，仰觀天文，俯察地理，畫先天八卦，以顯天地奧妙，為大道降世之始。廣成子指點軒轅氏——黃帝，大道始得闡揚。嗣後經由堯、舜、禹、湯、文、武、周公，承續道統，一貫相傳。」

　　周代道祖老子降世，發揚道宗，東度孔子，再傳曾子、子思、孟子⋯⋯。老子化胡傳說：「老子出西關（函谷關），道傳西域至天竺，釋迦牟尼接道脈。」佛陀在靈山會上，拈花示眾，惟迦葉尊者破顏微笑識玄而得世尊授與心印——教外別傳，不立文字，直指人心，見性成佛。摩訶迦葉遂為西天禪宗初祖。相傳禪宗在印度傳至二十八祖為菩提達摩（Bodhidharma）。達摩祖師於北魏時東來中土，曾應邀於金陵（今南京）見梁武帝，在河南嵩山少林寺創禪宗，為東土禪宗初祖。後來把衣缽傳給弟子慧可－神光為二祖。慧可傳給僧璨為三祖，僧璨傳與弟子道信（西元579-651年）為四祖，道信再傳給弘忍（西元600-674年）為禪宗五祖。弘忍大師使禪宗成為全國最大宗派，門下弟子神秀名聞西京，聲勢顯赫，無與倫比。武則天於久視元年（西元700年）遣使迎神秀入京。弘忍大師為選任法嗣接班人而令眾僧作佛偈，神秀寫一偈云：

「身是菩提樹，心如明鏡臺，時時勤拂拭，勿使惹塵埃。」
弘忍門下有慧能（惠能）（西元 638-713 年）者亦作一偈云：
「菩提本無樹，明鏡亦非臺，本來無一物，何處惹塵埃。」
　　慧能雖不識字，悟性極高，偈文比神秀高明，因而得到弘忍
大師衣缽，為禪宗（南宗）六祖。神秀則為禪宗北宗領袖，或稱
「禪宗北宗六祖」。慧能嫡傳弟子神會被奉為七祖，另有一說七
祖為白玉蟾、馬端陽。八祖羅蔚群住世期間，性理心法由禪宗大
德及全真道明師傳承。降及明代，有羅教黃天道等倡導「無生
老申」、「龍華三會」信仰。清代順治年間，黃德輝受元始天尊
天命，續任為第九代祖，開創先天大道。乾隆四年吳紫祥受命為
第十代祖，何了苦繼為第十一祖，袁志謙為第十二祖，楊守一、
徐若南繼任第十三代祖，此時先天大道已經分裂成許多教派。同
治年間，（無生老申將十四代祖授與山西姚鶴天接掌，十五代祖
授與山東王覺一。此時教祖，奉命以（真儒）闡揚先天大道）之
教義，並將先天道之「指出玄關」改為「點開玄關」。天道之修
持，由全真道轉化成為儒教化。其後十六代祖由劉清虛接掌，原
名先天道或天道教改名為「一貫道」。十七祖路中一再傳第十八
祖張奎生，張奎生號天然子，一貫道奉為「天然古佛」。此時已
進入民國十九年（西元 1930 年）之二十世紀三十年代，而且前
此都是在中國大陸的事蹟。

一貫道在台灣的發展

　　一貫道的信仰源自中國大陸，發展卻是在台灣。
　　台灣光復後，一貫道的先人和道親魚貫而入台灣，從北到
南，從都市到城鄉，傳播教義，很快便蔓延開來。

　　民國三十六年（西元 1947 年）張天然歸天，因未留遺言，致使天命傳承分裂成師母道和師兄道。戰前戰後，不論在台灣或大陸，國民黨和共產黨都認為一貫道是邪教，而予以打壓取締。諸多道長、前人、點傳師和道親，都紛紛潛來台灣避禍，即連孫師母也輾轉從香港來到台灣，隱居於臺中。

　　民國四十二年（西元 1953 年），內政部以「查禁民間不良習俗」辦法，將一貫道列為邪教。國民黨政府施行戒嚴令，民國四十七年（西元 1958 年）又加強查禁，民國五十二年（西元 1963 年）強力取締，大風考不斷，道場受摧毀，信徒遭劫難。在不得已的情況下，改以家庭佛堂為發展重點，以避免政府的查緝。各自開辦的結果，形成今日一貫道道場分立成十八組的局面。

　　世局演變，政府終於民國七十六年（西元 1987 年）二月解除了對新興宗教的禁令，於同年十二月正式核准一貫道總會為社團法人組織，翌年三月十五日一貫道總會成立。

　　在台灣由於戒嚴的關係，初期度化信眾，多數均為工農、商販的基層群眾。解嚴後所吸收的信眾，逐漸向中上層社會人士發展，知識階級的公教人員逐漸增加。信徒在禁教時期約為三、四十萬人，解嚴後，迄今已突破十倍以上，據說信徒已經四、五百萬人了。

一貫道的宗旨與教義

一、一貫道的宗旨

　　一貫道的主旨在於：「敬天地、禮神明、愛國家、忠於事、孝尊親、重師道、信朋友、和鄉親、講五倫、遵四維、守八德。

啟發良知、崇尚自然、改惡向善、恢復本性、己立立人、己達達人、挽救世界、清平大同。」

二、一貫道的教義

（一）理氣象的三天論：

一貫道主張「宇宙不外乎理氣象三者」。又謂「理無形無象，至虛至靈，為天地萬物之根源。」

（二）三期末劫說：

謂自開天闢地以來，以至天窮地盡，可分為三期：第一期曰青陽期，燃燈古佛掌天盤。第二期為紅陽期，釋迦牟尼佛掌天盤。第三期是白陽期，彌勒古佛掌天盤，將度九二億九六原人回原鄉。

（三）三教合一：

倡說三教不離道，取用宋朝全真道王重陽「儒門釋戶道相通，三教從來一祖風。」佛講萬法歸一，明心見性。道講抱元守一，修心練性。儒講執中貫一，存心養性。

（四）三曹普度：

大道普度性靈，上度諸仙，中度眾生，下度鬼魂。

（五）性理心法：

上天為度原人，特傳授「關、印、訣」性理心法，明示性理雙修之法，以達內聖外王之境，便可超脫生死。

（六）行功論：

一貫道之行功分為內功與外功兩種，內功即格物致知、修身養性、克己復禮、清心寡慾；外功即要行濟人利物、拯災救世、遵守三教聖人之訓，躬行實踐。

一貫道的神仙聖佛

一貫道是多神教，所供奉的神仙聖佛極多，約略為：（1）明明上帝：為一貫道的主神，為三界十方之主宰，位居無極，為開天闢地、生育人類萬物之道母，故又尊稱為無極老申。（2）天地君親師五恩主崇拜。（3）諸天諸神聖。（4）彌勒祖師。（5）南海古佛，即觀世音菩薩。（6）五教聖人。（7）濟公活佛。（8）關聖帝君、呂純陽祖師、岳帝、灶神……（9）長生大帝，即南極仙翁。（10）師祖、師尊、師母、師尊之子：年少歸空的鎮殿元帥、鎮殿將軍。（11）歷代忠烈節孝諸大仙。（12）自己祖先：道親家中的先人……等。

一貫道的神職級別

（1）祖師，（2）道長，（3）老前人，（4）前人，（5）點傳師，（6）壇主，（7）講師，（8）辦事員，（9）三才（扶鸞時，扶乩者為天才，抄字者為地才，報字者為人才，此三者通稱為三才。）

一貫道的道之意義

道者路也，道者理也。理，是天理；道，是天道。天地人物，皆由一理所生（老子道德經四十二章）。道生一，一生二，二生三，三生萬物（老子第三十九章）。昔之得一者：天得一以清，地得一以寧，神得一以靈，谷得一以盈，萬物得一以生，侯王得一以為天下正，儒得一以仁，道得一以玄，釋得一以空。又：皇得一以道，帝得一以德，王得一以功，人得一以聖，聖人抱一為

天下式（第二十二章）。一為數之始，以一喻道，道為萬物之根，抱一就是守道也，《論語・里仁》「吾道一以貫之」。一貫道者：以「一」為無極真理，以「貫」徹通天地、古今、中外，以普救眾生之光明大「道」也。

最簡單的說法是：無極老毌派遣諸原靈佛子下凡理世，在三山坡前一別，佛子降世以後，被物慾矇昧了本性而不知回原鄉，老毌在三山坡垂淚喚兒歸，於是老毌派遣神佛下凡救度原靈佛子，希望皇胎原兒透過修道而達本還原，回到無極理天，與無生老毌團圓，這個宗教就是「一貫道」。

統一教（**Unification Church**）

　　統一教是由韓國人文鮮明（Sun-Myung Moon）牧師所創立之基督教的一個教派。文鮮明牧師於西元 1920 年出生於北韓的農村家庭裡，在孩童時代就表現出強烈的正義感和不屈不撓的意志，對別人很關心、很友善，也很熱愛。

　　文鮮明在年輕時是一位基督徒主日學的教師，他自稱在神視中看到耶穌向他走來，並告訴他說：「祂的使命和任務尚未完成便被判釘死在十字架上，這是一項錯誤的判決！」祂要文鮮明牧師擔負起祂未完成的任務，在這個世界建立起上帝的王國。

　　文鮮明牧師，以聖經中有關亞當與夏娃的故事，做為詮釋的基礎，論說亞當與夏娃的「錯誤愛情」，卻在人世間代代相傳。文鮮明以新的彌賽亞（救世主）身分，「灌輸」信徒遵循一種自我犧牲的愛情。依據文鮮明牧師的說法：「耶穌應該以身作則做模範的，但是祂從未結婚。」

　　文鮮明在第二次世界大戰期間，在日本帝國殖民統治下，曾經被日本警察拘捕入獄。因為當時基督教被視為是西洋人的宗教，公開舉行傳教活動是被禁止的。文鮮明的活動被視為是反日的民族主義者。終戰後，他設立「世界基督教統一神靈協會」，其主張為「宇宙的原理在一神，依此原理統一全宗教，以此建設和平世界。」在此之前，文鮮明要求基督教會當局採納他所主張的神學理論，但是各派的基督教都與他劃清界線，或拒絕往來。在南韓走不通，他竟然前往共產黨統治下的北韓去傳教。北韓共

產黨與其他共產黨國家一樣，信仰的是馬克斯主義的唯物論史觀，是無神論的，認為宗教是人民精神上的鴉片麻醉劑。北韓是迫害宗教的地方，因此，他再度被捕入獄，遭受嚴厲的折磨，在瀕臨死亡前被拋棄到嚴冷的雪堆，幸運地被居民救活，經復健後，他又出來傳教，又再次被捕，並被關到滅絕集中營，就在被處決的前夕，聯合國盟軍（美軍）攻占了這個監獄，使他又逃過一劫。

西元 1954 年到南韓來，傳教深受其他教會排擠，媒體也散布謠言，說他是北韓的間諜，他再度入獄、出獄……西元 1970 年代，文鮮明反對過度物質主義的美國文明，號召年輕人尋求一種利他的生活方式，主張精神復興運動，強調道德重整……他評時弊，符合當時年輕人的心理，信從他的人數急速增加。中產階級知識青年，放棄物質主義的主流文化和享樂主義，捐出大量財物，離開家庭、朋友，追隨文鮮明牧師，自我犧牲、禁慾，走向信仰主的道路。文鮮明頗受爭議，社會、媒體、宗教界都不能諒解，可是，年輕人卻對統一教十分著迷。他們遵守文鮮明的日出即起、祈禱、冥想、齋戒……不只是在韓國、也流傳到外國。

西元 1959 年傳入日本，1964 年核准登記為宗教法人，當時在民國五十年代，「統一教」也曾傳入台灣，由於台灣還在戒嚴時期，所以就受到禁止和取締。

西元 1967 年（民國五十六年），文鮮明牧師派遣第一位宣教師來臺，開拓統一教在台灣的宗教市場，做傳教的活動。首任傳教師——鄭仁淑女士（韓裔日本籍：福田信子）。

西元 1971 年 6 月經政府核准，在臺北市成立宗教團體，設立登記名稱為「財團法人世界基督教統一神靈協會」。

西元 1975 年春，在韓國舉行「合同結婚」，捲起了世界性的宗教、家庭、社會的話題。尤其是在日本的高中生和大學生，組織成研究會，在各地舉辦合宿生活，從家長取得資金，或作資源回收而參加活動，或離家出走，一再發生，造成社會問題，家長們甚至組織「對策研究會」。

統一教會的教義：絕大部分都是基督教新教的教義，但是受到非議而排斥的是統一教會的原理講論的三部分。

創造原理

主張神是精神（性相）與物質（形狀）兩屬性的統一體。神按照調和統一的原理創造了宇宙萬物和人類，並把人立為宇宙萬物的主管主，人人可以人格完美，像神一樣，人可以建立精神文明和物質文明統一發展的天國。

墮落論

人類始祖亞當和夏娃違背神的誡命，因淫亂不倫之愛的關係而墮落，使得天使長露西華也墮落成魔鬼。世界因此而成了充滿罪惡不幸的世界，地上成了地上的地獄。人本來是神的子女，卻因天使長和夏娃、亞當的淫亂而墮落。

復歸原理（拯救原理）

神是愛的神，是善的神和全能的神。儘管人類犯錯墮落而造成罪惡，但神在人類始祖墮落後，馬上展開了立善滅惡的拯救攝理和復歸攝理。要把人類帶回到真善美的幸福理想狀態。

文鮮明說二千年前誕生在以色列的耶穌，如果以色列的選民相信祂，就能以猶太教為世界宗教的中心，復歸羅馬與印度及中國，在當時便可建立全球統一的地上天國了。可惜以色列人把耶穌基督視為異端而把祂釘死在十字架上，因此，神祇能以復活的耶穌為中心而興起了基督教。

現代是基督再臨的時候，彌賽亞再臨時將以肉身誕生的形相出現，成為當代聖人，完成神的旨意，建立地上天國，而「文鮮明」牧師，正是要完成此項使命的一位聖人。

文鮮明牧師基於社會需要和世界趨勢，開始強調家庭的價值觀，促使他所倡導的宗教活動成為國際性宗教運動。有一次舉辦數十萬信徒同時舉行的盛大婚禮，盛會以衛星與視訊同步傳播。西元 1997 年舉行「祝福儀式」時，連華府都正式表示歡迎，當時有二萬八千對夫婦同時在 RFK 體育場接受「祝福」。據說透過電視傳播，有 185 個國家，四千萬個家族的人，同時在祝福他們。

文鮮明的「統一教」大本營，早已移往北美的美國，至今仍然茁壯。現在的名稱已改為：促進「世界和平統一家庭聯合會 The Family Federation for World Peace and Unification: FFWPU」。西元 1996 年 11 月 6 日，文鮮明為 185 國成立該會時，在印度新德里發表演講「尋找宇宙起源」，他說：「……如果你踏進了文鮮明教導的真理領域，你也一定會得到上主的保護。」云云。

※ 世界基督教統一神靈協會英文全名：
　The Holy Spirit Association for the Unification of World Christianity: HSA-UWC。

摩門教（Mormonism）

　　摩門教是「耶穌基督末世聖徒教會」的信徒，因為信奉「摩門經」，所以就稱呼他們的教派或教徒為摩門教。

　　摩門經是史密斯‧約瑟（Joseph Smith）自稱直接得自上帝的啟示；謂因以往聖經對上帝所言所行的記載不全，故天使摩羅乃授他金頁片經文，由他據以翻譯而成者即為摩門經。

　　據史密斯約瑟自述：天父及耶穌基督於西元 1820 年在美國紐約州的帕米拉向他顯靈啟示：要他不可加入既有的任何教會，並得肩負重任翻譯天使摩羅乃授與的金頁片經文。這部經典就是摩門經，出版於西元 1830 年。同年成立教會，教務發展迅速，年末時教徒已逾千人以上。西元 1830 年代初期。在美國中西部俄亥俄州的吉特蘭和密蘇里州的獨立城，都建立摩門教社區。

　　在傳教的過程中，教友曾經彼此起了爭執，教友又與非教友發生衝突，摩門銀行倒閉；杭家磨坊大屠殺、教會領導者被逮捕，最後甚至被政府下達驅逐令。西元 1838 年大約有一萬五千多名摩門教徒，放棄了他們在密蘇里州的家園，奔往伊利諾州。西元 1864 年，摩門教徒又被迫離開伊利諾州而遷移到落磯山區的大盆地，在大鹹湖流域定居下來。

　　一百多年來，摩門教已經建立了信實的教會信譽，據說現有信徒約有三百萬人，大都集中在美國西部。總教會設在猶他州的鹽湖城，分支教會則遍布到世界上大多數的國家。

　　該教在台灣傳教，是在民國 45 年 6 月，首次派四位傳教士來，以後逐年增加。民國 60 年成立台灣傳道部，68 年臺中成立傳道部，70 年 11 月成立高雄支聯會，73 年在臺北興建聖殿落成，86 年成立臺南支聯會，90 年桃園、92 年新竹都成立了支聯會，發展迅速。

　　該會在台灣向內政部登記名稱為：耶穌基督後期聖徒教會。教會鼓勵教友自立，進而照顧貧困者。照顧方式：包括每月禁食一天，並捐獻禁食省下的錢來幫助別人。

大易教

依據大易教創辦人易陶天撰述云：

開宗

大易教是反本復始，歸宗大易，是現代儒教，又叫今儒教。英文名稱 The Current Religious Confucianism。

明義

大是太，易是道、是神、是上帝、天或天主。大易教有教主、教義、教會，名為天、人、地三才，等於佛、法、僧三寶，類同聖父、聖子，聖靈的三位一體。大易教之神祇位為：左右堂中宗祖，上下空間神祇，中央：天地君師親之位，君是天主而非皇帝。

教主

伏羲、文王、周公、儒孔子、道老子、佛釋迦、耶穌基督、穆罕默德，乃至其他正信宗教的創立始祖。「晨昏三叩首，早晚一爐香」，崇祀其立功、立德、立言。

教會

大易教（今儒教）之組織為宗教法人、社團法人。神職系統稱弘化總院或分院及支院，弘道闡教，指導教徒修行。傳教的盛

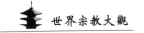
德大業，一如古代的尚書・洪範，立卜巫人，司禮祭儀，建陰陽天地之情，立以為易。

禮儀

歸宗信徒有「歸宗禮」；神職人員有「受命禮」均需於花案、香案、神案三案前，行三跪九叩大禮等。

經典

以大易為首的春秋、尚書、詩、禮、樂等儒教聖經，道教、佛教乃至耶穌舊約、新約，回教古蘭經等皆是。

結尾

大易教崇道貴德，尊天祀祖，是正信的宗教。又依孔子遺訓，不講怪力、亂神，不尚神異，但尚仁義。司馬遷採用黃帝曆為紀元而稱黃曆。大易教則採行伏羲曆，亦即易曆。斯為「大易教」。

中國儒教

　　據儒教會秘書長李吉田先生撰述：「中國儒教會以孔子學說為中國思想史之核心，以儒家思想為闡揚綱常倫理之道，以孔孟之道為『道統』一貫薪傳，以儒為教，尊孔子為教主。」

　　中國儒教會所謂的道統就是指孔子門徒傳下的心法，教人治心、治學、治事、治國的方法。「道」乃是人的精神所創造的事物，亦即文化。「統」是傳統，有承先啟後一脈相傳之意，所以「道統」也就是「文化傳統」或「精神傳統」。

　　中國儒教會以儒學起源於黃帝，歷經堯、舜、禹、湯、文、武、周公，以至孔子繼其道統，集其大成，成為「一以貫之」之儒宗道統精華。據該教李秘書長云：「中國儒教會傳自福建泉州公善堂，始於清咸豐三年（西元 1853 年）先在馬公「善勸社」設杏壇，以沙盤木筆「扶乩」下達「神明善書」教化仕紳信眾。到光緒年間，紛紛傳入台灣本島各地。

　　鄭志明著「台灣民間宗教結社」認為：「『儒宗神教』是民間鸞堂的總稱教名，是源自大陸傳入以扶鸞為主的降筆會。民間鸞堂或稱儒宗神教、儒宗聖教、儒宗鸞堂，是指以儒為宗，以神為教的民間教派。」

　　儒教會──儒宗神教以人神交感的靈媒活動神聖儀式，請神降臨鸞堂道場，以扶乩法術降筆開示，由堂主、鸞生、校正生、唱鸞生、紀錄生、宣講生……等，組成群體的宗教活動，有固定的鸞壇、儀式、祭典、組織等，儀規即按祭孔的釋典──行三獻

禮。教主為孔子，但在扶乩請神時，經常有其他神聖不期然而降臨道場降筆之事情發生，頗為神祕。例如：有時老子、有時孟子、有時候是孚佑帝君呂洞賓，有時孔明、有時關公……等，都會藉著飛鸞降筆的方式，教人行善，替人解厄……。

中華聖教

依據中華聖教總會秘書長羅弘錦撰稿所述，約略如下：

中華聖教以儒脈聖道為無上要義的聖教；源流自伏羲聖王龍馬河圖始，而為儒脈道統聖學之中興，為儒家文化之再復興，亦即中華道統文化之發揚。羅秘書長又云：

「中」者，貫中通理，表示中央戊己土[1]率之以中，允執厥中。「華」者，花也，華者精也。中華即是精一執中。「聖」為教的內在修持，「教」屬聖的外圍功夫。

中華聖教以事天為本，以奉祀上帝，上帝即無極老中（母），道母也。崇祀主要上帝神靈有：明明上帝、天地君親師、玄靈高上帝、盤古開天聖王、儒宗卦聖伏羲聖王、儒宗聖王周文王、白陽三祖天真古佛、至善法王、三教聖人、中華聖母。

中華聖教乃是儒脈的宗教體系，其「教義」乃一貫大道，會通「儒、釋、道」三教，貫徹天人之無極大道，論其道則一貫大道，論其教則中華聖教，其道是一也。又，中華聖教「教史」之淵源：以達摩祖師自西來東（中）土為初祖，以路中一為紅陽十七代祖，又稱為白陽初祖。張天然為紅陽十八代祖（避諱弓長

---

[1] 編者註釋：中央戊己土，言居四方之中央也。其餘之四方為：
東方甲乙木，蒼龍，青色。
南方丙丁火，朱雀，赤色。
中央戊己土，黃牛，黃色。
西方庚申金，白虎，白色。
北方壬癸水，龜蛇，黑色。

祖），又稱白陽二祖。民國三十六年弓長祖歸空後，由孫慧明師母掌理道盤，於民國四十三年來臺傳道，稱為天道（普渡一貫道）。孫師母系統稱為純白陽二祖（諱稱子系祖），子系祖於歸空後受老申敕封為（中華聖母），生前（暗傳脈）與白陽三祖天真古佛。

　　孫師母諱素真，字明善，道號慧明，山東省單縣人。據說係月慧（菩薩化身），降生於光緒廿一年（西元 1895 年），歿於民國六十四年（西元 1975 年）。（中華聖教）實則為（一貫道）之師母系）統也。

彌勒大道

據彌勒大道總會基金會撰稿載：

彌勒大道的宗旨即是在於完成彌勒佛的鴻慈大眾——使世界和平、國家富強、社會安寧、家家幸福、人人慈善。化世界成大同、化人間成淨土、化世間成天國、化苦海……化紅塵……使人人皆大歡喜，人人遠離罪惡……

彌勒大道創教宗師高山愚人——王好德，民國十年出生，原籍山東省，因其父早逝，十六歲即負擔家計。民國卅六年來臺，卅七年有老前人推介，拜月慧師母為恩師，並為其跑腿辦事，前後共達二十一年，謹遵師命，盡心盡力。

民國七十六年在新竹市創立「天恩彌勒佛院」，八十七年起開始積極推廣「良心之道」，八十八年起開始在全省各地九場良心光明法會。同年在泰國清邁仙逝，享壽 79 歲。

第一代傳人汪慈光院長，為發揚高山愚人師尊遺志，遷移新竹縣峨嵋鄉，於民國八十九年向內政部申請許可，獲准設立「彌勒大道」為一新興宗教。奉祀神明甚多，最主要者為：維皇上帝、彌勒古佛、觀音菩薩、關聖帝君、孚佑帝君、「天然師尊、月慧師母」、諸天諸聖、千佛萬仙……。

彌勒大道所崇奉的經典，有「性理心法」為創教宗師高山愚人著作，「良心的要義」為汪慈光著作，傳授彌勒聖道、天命密法、真理良心、濟世之道等。該教祀神祈禱時，都要行三叩首、五叩首、九叩首等，屢次均逾百叩首以上。

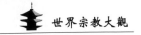

　　彌勒大道在世界二十多個國家設有分會或分院，信徒在國內外已逾十萬人。云云……。

真光教團

真光教團：在日本稱為「崇教真光」
開教始祖：岡田光玉（Okada Kohtama）
祭祀主神：御　親元　主　真光　御大神
みおやもと　す　まひかりおお　み　かみ
Mi・Oyamoto・Su・mahikari・Ohmikami
主要經典：御聖言（聖訓）、祈言葉（祈禱詞）
教會數：未發表
信徒數：約一百萬人（在日本約八十一萬人）

歷史

　　岡田光玉原名岡田良一，本來是世界救世教的信徒，並為該教開教始祖岡田茂吉的幹部一支部長。於西元 1959 年（昭和 34 年）初次受到神的啟示，為人類永久的繁榮，以陽光文明原理而創立宗教。基於「地球元惟一、世界元惟一、人類元惟一、萬教元亦惟一」為新原理的理念，倡說並發足成立「L・H 陽光子之友會」。其後，於 1963 年（昭和 38 年）以「世界真光文明教團」而受認證為宗教法人團體。從日本國內以至海外，熱心推動布教工作。開教始祖岡田光玉死後，他的女兒岡田惠珠受到神的指示，於西元 1978 年（昭和 53 年）創設本教──「崇教真光」，於西元 1999 年 4 月 18 日（平成 8 年）在台灣設立宗教財團法人「真光教團」。

教義

崇教真光（在台灣稱「真光教團」）主神的教諭謂：「本教自我定位為五大宗教及各種宗教的總根源，不分宗門派別，不分人種、不分國籍、不分男女，是跨越界限的『人類教』。本教的基本理念為通過真光業的神力法術，促使這個世界成為清淨公正之神的世界，人間地上的天國。為人民治癒心身的病痛，使百姓健康和快樂。」

真光之業

此處的「業」是由梵語 Karma 翻譯過來的，「律法的業」意思是工作、是道德的因果律。「真光的業」是施光者將主神超高次元的光（神靈），透過御靈之身，經由手掌施放出神靈的靈光給受光者，使受光者能得到主神的加持，能洗淨心身的污穢與罪過，能使病體復健，心情愉悅。此法乃是仿傚「世界救世教」的手法，並增加「鎮魂的業法」。施光者救人越多，其本人的功德也越多。

傳承與分支

真光教團傳自世界真光文明教團，世界真光卻傳自世界救世教，世界救世教又傳自大本教，大本教卻又是從「金光教」傳過來的。信徒升為幹部，幹部學會「宗教」後，就獨立創設新教，教祖千篇一律說是受到神的啟示，是神的意志。

亥子道宗教

天真亥子道宗教，簡稱「亥子道宗教」。成立於民國七十三年，由家庭式神壇起家，自稱為北臺混元玄極宮玄極總堂，當時並無固定教義，以扶鸞顯真神意；祭祀著重在陰靈超度與巫術醫療方面。

鄭志明博士說：「亥子道是台灣一貫道文化背景下的產物，將鸞堂（壇）與一貫道的宗教形式結合起來，藉著靈異神能而發達。」亥子道以「玄玄上人」為最高至上神，亦稱為「玄玄聖祖」，又尊稱為「混元老祖」，以其「混元一炁」化生三清、五老。三清即道教最高神「玉清宮的元始天尊、上清宮的靈寶天尊、太清宮的道德天尊」。五老即民間五行、五方神仙傳說的東方木公、西方金母、中央土老、南方火老、北方水老。

亥子道以「天真師祖──玄智明師、天真師母──玄慧師母」為創道之始祖──日月明師。亥子道以「天真總掌──無上執法」為創教之教主。無上執法從前稱為一品執法，就是本教實際負責人：林吉雄，道號玄和。日月明師──玄智、玄慧，正是無上執法──教主林吉雄的公子和千金。

按亥子道說法：「聖極天界的玄玄上人。為完成『天真收圓』任務，特創造了兩位尊貴聖佛──即日月明師，並指派其為大皇兒──無上執法（林吉雄）親自輔佐。」無上執法說他自己就是玄玄上人──天父的大皇兒，是由天父、太上老君、東華帝君等三位「分靈」聚合而成的。他認為自己身上有天父的靈，所以自己

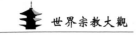
的地位比聖靈耶穌更高。他還說「一貫道的開山祖師張奎生夫婦是天父的第九皇兒，我是他們的大哥。」云云……。

先天救教

（取材自「世界紅卍字會道慈基金會」撰稿，略述如下：）

　　所謂先天，即是「生化天地萬有、萬物之根源也」。先天救教包括「道院」與「世界紅卍字會」，道院講究修道，世界紅卍字會重慈善事業，兩者合而為一，互為表裡。認為先天救教五教同源、五教歸一道。「儒曰正心、道曰靜心、釋曰明心、耶曰洗心、回曰真心」，各教所用名稱有異，求真與求善之心即同也。至聖先天老祖為救度他人，藉乩壇沙盤木筆，降靈傳授「先天大道」，以期教化眾生、普度群倫。

　　主祀神與降壇主要神明如下：

　　至聖先天老祖為道院崇奉的主神，聖殿神龕正位奉祀銅牌書有「青玄宮一玄真宗三元始紀至聖先天老祖」，下列儒、道、釋、耶、回五教教主神位。降壇主要神明有：孚佑帝君呂仙祖、諸葛孔明、關帝帝君、觀世音菩薩、文殊菩薩、普賢菩薩、至聖先師孔子、亞聖孟子、孫真人、濟公活佛……等。

　　先天救教的緣起於民國十一年立春日，始自山東濱縣及濟南道院，以及世界紅卍字會（The World Red Swastika Society）的成立。本教並無現世創教者為教主，而是由宇宙萬能主宰「至聖先天老祖」於民國十一年降乩指示而創設。至上先天老祖即太乙老人——是宇宙最高的神明。所崇奉的道院之經典，係聖神仙佛

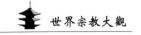

藉沙盤木筆降乩傳授的，最具代表性者為「太乙北極真經」等，此外還有數十種。

　　該教於西元 1949 年夏天，在臺北市正式成立台灣道院，西元 1995 年後，在臺南、嘉義、高雄、臺中、彰化等地，相繼成立道院。「世界紅卍字會」即為實踐先天大道救世救人的慈善公益之團體。

黃中

依據臺南縣新營市慈德玉寶殿黃中執行者簡介：

黃中之降於西元 1960 年由太宇之靈尋得台灣人王一郎之肉體降世（此為先天）。王一郎為臺南縣新營市一平凡家小孩，從小受從事豆腐業的父母教誨而成長。藥專畢業取得藥師執照，服完兵役後自行開業。因其先天靈之降，王一郎肉體與靈歷經妖魔邪界磨煉已成熟。於西元 1994 年經由無色界無生太佛老中、黃中元祖、黃道軍師賜其掌黃陽旗在太極執行天地人總收圓之重任，並賜「天下巡按君」之名，亦賜名其修煉之處為慈德玉寶殿。

黃中行者將各宗教分五色陽旗，按五行方位而分別為：佛為紅，道為青，儒、耶、回為黑，一貫道為白，自我中心而稱「黃中」。亦即：東方屬木，青陽；南方屬火，紅陽；西方屬金，白陽；北方屬水，黑陽；中央屬土，黃陽，黃中。

黃中統轄上至太宇，下至阿修羅界之一切無形靈界，執行「黃中總收圓天地人救世旨」，救世度原九六億原靈。黃中——萬無一色天、無色界、黃中、黃道、慈德玉寶殿，以「慈、愛、仁、德」四字為教義，為心靈之修養。

黃中由太宇之靈降入王一郎而得掌黃陽旗，並在太極執行天地人總收圓。並旨派王明昌為慈德玉寶殿殿主，王次郎為副殿主，於西元 1995 年正式在臺南縣新營市民權路 72 號設殿，西元 2001 年又於新營市金華路二段 9 號建廟殿。宗教活動由無生太佛老中指定殿主、副殿主為對外負責人，其他組織尚有二代天下四

按君、虎將軍、五院主、六將士、五大仙姑、三十六宮主等人員
擔任，辦理各種宗教任務。

山達基宗教[1]（**The Church of Scientology**）

　　山達基教會於西元 1954 年在美國洛杉磯成立，創始人是羅恩・賀伯特（L. Ron Hubbard）。在西元 1988 年傳入台灣，西元 1991 年在臺中成立為地方性財團法人，在西元 2003 年經內政部核准成為我國第 25 個合法立案的宗教團體。

　　山達基的基本原理，主要是一門宗教哲學，據說：因為她能帶領人到達完全的自由與真理。山達基的基本哲理，主要是來自於印度的吠陀經、佛經和東方中國的道德經。在精神方面的理念要歸功於東方的信仰，但她卻是肇始於西方，而以二十世紀中期的科學用語來描寫與敘述。山達基強調教義精確的用於服務和生活中，擁有一系列經典和其他大眾可獲得的文章（包括報紙和雜誌上的文章）。Scientology 即山達基哲學，它研究和處理精神與精神、宇宙和其他生命之間的關係。Scientology 的意思，是指完全清礎了解，而研究、知道如何知道的意思。透過山達基的書、錄影帶、訓練和聽析（Auditing），可以為自己找到真相，可以發現那條可通往較好生活的道路。

　　山達基的目標，在使有能力的人得以成功……使人類可以自由的提升到更高的境界。山達基是非政治性的，歡迎任何信仰、種族或國家的人，山達基願意幫助別人。

---

[1] 內政部在受理山達基教會申請案時，曾經召開公聽會聽取各方意見。許多學者認為山達基教會偏向心理輔導團體性質，與宗教團體屬性不盡相同，但內政部基於尊重宗教信仰的自由，因而正式核准成立。

理教

沿革

一、理教原名「在理教」，後改名「理教」

　　理教的創立者楊澤，道號來如（明亡，為迴避清而改姓羊），明朝末崇禎十六年（西元 1643 年）癸未科進士。他把儒、釋、道三教之精華融合為一理，以天地育萬物，無私無我之心為我心，以陰陽合一，生生不息之理為公理；為貫徹「天人合一」之聖道，為發揚「心物合一」之真理。以天道、人道在一理字，是為「在理」教。創立迄今，已逾三百六十多年。

二、中華理教總會設立於臺北市

　　民國三十四年（西元 1945 年）台灣光復，三十八年（西元 1949 年）國民政府撤退來臺，理教的總領正趙東書隨國民政府軍來臺，翌年召集教友在臺復教，同年三月四日奉准恢復「中華理教總會」於臺北市。民國四十三年（西元 1954 年），中央政府內政部令台灣土地銀行公產代管部，撥交臺北市中華路一段 174 號西本願寺（原屬日本佛教淨土真宗廟產）為中華理教總會接管使用。該寺位置極佳，東鄰總統府，西鄰西門町，南鄰萬華龍山寺，北鄰中山堂及衡陽街口，為國際觀光名勝地區，寺院土地寬闊，建築物為木造而巍峨聳立，豪華宏偉，大門為飛龍閣唐門，彫刻精細美麗，不但為台灣寺廟之冠，在東南亞古剎宮觀亦少見也！

三、國民大會決議通過「輔導理教發展」

民國四十三年（西元 1954 年）三月十八日國民大會第五次會議，第一五四號提案為「扶植理教」，決議通過「輔導理教發展」在案。（該年三月二十日國民大會舉行總統選舉，理教總領正趙東書為國民大會代表，有權選舉總統、副總統，三月二十二日國民大會公布「蔣介石當選中華民國第二任總統。」

四、理教總公所毀之一炬

民國六十四年（西元 1975 年）四月五日上午總統蔣中正逝世，同日午後臺北西門町鬧區發生大火災，理教總公所（西本願寺）付之一炬。焚毀所有經典、法器、重要文獻，災情慘重。其後雖力謀於原址重建，但因情形已異於從前，無法如願。現在理教總公所設在臺北市圓山山頂，名為「理教圓山觀音洞公所」。

信仰

理教供奉聖宗古佛——觀世音菩薩為最高神佛。以「佛心為我心」，普度眾生，濟世救難為大願。信仰須經過「信、解、行、證」四個階段。

信仰目的為：發揚仁愛精神、弘揚濟世道理與義理。

教義

重五倫與八德，重義理、尚仁義。

戒菸酒、重健康、濟世救人，八德中以孝、悌、忠、信為優先。訂有「理教規範」：統一傳教規範及傳教儀式，包括教徒婚喪喜慶之儀禮等等。

組織

中華理教總會在台灣設有三個分會,二十一個縣市支會。各分會、支會所屬公所團體會員有七十八所,個人及直屬會員信徒約 5,700 人。總會設秘書長一人,副秘書長三人,秘書處下設有會籍、會務兩組及總務、會計兩部門。此外,另設有各種委員會,各委員會均設有召集人⋯⋯

結語

按該理教總會秘書室給內政部資料,謂:「理教是繼堯、舜、禹、湯、文、武、周公、孔、孟之道統,以忠孝為教義,以拒菸酒為戒律,純係一種入世修行的宗教。」云云。

宇宙彌勒皇教

宇宙彌勒皇教係民國九十年十二月四日內政部認可新興宗教，據法雨普濟協會給內政部民政司宗教輔導科稿文載，略以：

宗教經典預言之救世主──未來佛，由於宇宙彌勒皇教的現世，已經確實來到人間，即是教主彌勒陳金龍。宇宙彌勒皇教的中心思維，以南無彌勒天皇、南無彌勒佛陀─陳金龍，以天地罡正之炁，一炁化三清之法身為主軸，以南無彌勒觀世音皇母傳達佛道思維為主。

宇宙彌勒皇教主─彌勒陳金龍，出生於西元 1960 年，地點在地球村臺北市三軍總醫院旁之寒門村舍，本為無神論者，對宗教亦無興趣，而自幼身受帶狀疹（軟皮蛇）及坐骨神經痛疾之影響，以練氣功、靈療，以南無觀世音菩薩弟子自居，以大智慧接引天地之靈炁，教主遂於天機不可考據之年正月一日成道；成為「宇宙彌勒皇教」之教主，為統御宇宙萬聖之尊，為南無聖上無極彌勒宗，亦為宗教皇帝。

又云：此卦乃宗教皇帝現世之兆。自頌內容顯示曰：「中國而今有聖人」，解曰：中國為「東」方，「而」譯為「耳」，二字合為「陳」。「今」譯為「金」，中國自古稱「聖帝為龍」，這樣的組合正代表著：宗教皇帝──宇宙彌勒皇教教主彌勒陳金龍。「宇宙彌勒皇教」宗旨之教義如下：

四教合一皆大愛，萬教歸宗本兄弟。

勿爭你教與我派，同處地球和平村。

上列偈頌為「宇宙彌勒皇教」的宗旨和定義，原文並無押韻，也未分平仄，更無分起承轉結。該教在給內政部民政司宗教輔科的資料中，重複陳述三次。我的學生說，奉彌勒佛指示，修改如下：

萬教歸宗本兄弟，勿爭教派我與你。

同處地球和平村，五教大愛合為一。

彌勒天皇透過彌勒觀世音皇母引渡，能解救神、佛復天國，亦能引導眾生靈前往宇宙彌勒天國和佛淨土。云云。

宗教淺釋

宗教是什麼?

中國古代的典籍並沒有「宗教（Religion）」一詞。宗教一詞是外來語，它的來源有二：其一來源自印度的佛教。佛教以佛陀所說為教，以佛陀弟子所傳佛教為宗，僧侶以宗為教之分派，合稱為「宗教」，其意指以佛教的教理為宗教。另外一個來源就是英文、法文、德文都使用的「religion」，意指神道的信仰，比佛教所指的宗教之意義，更為廣泛，它的概念也合乎中國古代「神道設教」的思想。

〈禮記・祭儀〉有「合鬼與神，教之至也。」意思是說：對鬼與神的信仰與崇拜，是教化人民的至理，亦即為宗教的基本道理。今人即據此傳統，從字面上解釋宗教的涵義：宗者本也，宗教者，有所宗而以為教者也。所謂的「本」，即本諸神道，正是：本諸神道設教之意也。

中國古史上的宗教

中國在遠古的時代，華夏民族[1]對自然的崇拜，在很多古代典籍上都有記載。書經和詩經明確記載古人崇拜「天神地祇」，甲骨文也有記載「祭土地和祭山川」的事蹟。

---

[1] 華夏民族：華夏為中國的古名。華夏民族為中國漢民族之古名。華夏民族到了漢朝以後才改稱為漢民族。

〈書・舜典〉記載「肆類於上帝，禋於六宗[2]，望於山川，遍於群神」。〈禮記・王制〉記「天子祭天地，諸侯祭社稷，大夫祭五祀[3]。」〈國語・魯語上〉記春秋著名人士展禽論及「國之祀典」，指出國家對宗教崇拜對象的確定，是因其有功於人民，故崇拜之，乃為報恩報德也：「……以社稷山川之神，皆有功烈於民者也；及前哲令德之人，所以為明質也；及天之三辰，民所以瞻仰也；及地之五行[4]，所以生殖也；及九洲名山川澤，所以出財用也。」

展禽對古代崇拜祖先神靈的宗教祭祀制度敘述如下：「有虞氏禘黃帝而祖顓頊，郊堯而宗舜，夏后氏禘黃帝而祖顓頊，郊鯀而宗禹，商人禘舜而祖契，郊冥而宗湯，周人禘嚳而郊稷，祖文王而宗武王[5]。幕，能帥顓頊者也，有虞氏報焉。抒，能帥禹者也，夏后氏報焉。上甲微能帥契者也，商人報焉。高圉大王能帥稷者也，周人報焉。」凡禘、郊、祖、宗、報，此五者，國之典祀也。

有功於民和垂德於世的文化英雄，非血緣亦崇祀之：「夫聖王之制祀也，法制於民則祀之，以死勤事則祀之，以勞定國則祀之，能御大災則祀之，能捍大患則祀之。」后土能平九土，故祀以為「社」；柱能植百穀百蔬，故祀以為「稷」。

2　六宗：所謂「六宗」，就是「星、辰、風、雨、司中、司命」等。
3　五祀：「五祀」在月令章中解釋為家中的「門、行（道路）、戶、灶（竈）、中霤」等五種神靈。
4　五行：地面上的物質：「金、木、水、火、土」等五屬物類也。
5　崇拜祖宗的祭祀，自夏、商、周三代以前便開始就有了。有人主張：祖先神的崇拜，就是一切宗教的根源之一。

宗教的定義

宗教在人類文化中含有廣泛複雜的要素和意味，是很不容易簡單扼要便可說明得完整的。從來對於宗教所下的定義，無非是下定義者個人研究所得的狹窄片面之結果，即使有道理，有其是處，但卻無法獲得學界全體的認同。誠如：德國著名學者麥克斯‧繆勒（F. Max. Muller, 1823~1900）說的：「各個宗教定義出現不久，立刻就會有多少宗教的定義。」本文並非宗教學的學術研究，所以對宗教本質和定義問題，僅就眾多學說中，提出幾種較有影響力和代表性的主張，以供參考。

繆勒認為：「人們產生宗教意識的種子，乃是人們對無限存在物的信仰。」又說：「宗教源於對精靈的崇拜。」

英國著名的人類學家愛德華‧泰勒爵士（Sir Edward Tylor, 1832~1917）認為：「人類自遠古即相信自然萬物皆有精靈托生於其中……宗教是出於對泛靈實體的信仰。」

奧地利人類學家威廉‧施米特（Willhem Schmidt）說：「宗教的定義，有主觀與客觀之別。……從主觀上說，宗教是人對超世（即超自然界）而具有人格之力的知或覺，根據這種知識或感覺，人與此力有一種相互的交際。從客觀上看，是對這種力量的崇拜。」

前述「無限存在物、精靈存在物、超世而具有人格力」等，實指關於上帝或神靈的哲學術語，所以，他們都把「宗教」歸類為信仰和崇拜神靈的體系。

世界史上著名哲學家對於「宗教」的認知，還有：

柏拉圖（Platon, 西元前 427-347 年）說：「宗教就是對神正直的信念，亦即信心也。」

英國哲學家樂克（Locke, J., 1632-1704）說：「宗教乃是對神之柔順服從也。」

辯證法唯物論者史賓諾莎（Spinoza, B., 1632-1677）說：「知神自立自存之本體，而愛慕其神明者也。」

德國偉大哲學家康德（Kant, I., 1724-1804）說：「對道德律至上命令者的尊敬，即對神的命令，人們有義務遵守其協議也。」

德國大哲學家黑格爾（Hegel, G. W. F., 1770-1831）說：「認識主觀的意識與神的關係，亦即對自己有限靈性本質的靈，絕對的認知之知識也。」

馬克思（Marx, K. H., 1818-1883）倡導唯物論辯證法，是共產主義者的太上祖師，是信奉唯物論史觀的無神論者，他對關於宗教的論述曾說過：「宗教是那些還沒有獲得自己或再度喪失了自己的人之自我意識和自我感覺。」及「宗教是顛倒了的世界觀。」

馬克思說：「宗教是人民的鴉片。」及「宗教是人民精神上的麻醉劑。」後來列寧把馬克思的這句名言譽為：「馬克思主義在宗教問題上的全部世界觀之基石。」

列寧（N. Lenin, 1870-1924）說過：「宗教是一種精神上的劣質酒。」（列寧全集）

德國思想家尼采（Nietzsche, 1844-1900）在他的「超人哲學」中，對平庸低能的下等人認為也是「沒有獲得自己或再度喪失了自己」的一群人。但尼采為他們安排的「救世主」並不是傳統宗教的「上帝」（尼采宣布：「上帝已死！」，也有譯為「神已經死了！」）。（呂大吉：宗教通論）

恩格斯（Engels, F., 1820-1895）論斷：「宗教按其本質來說，就是剝奪人和大自然的全部內容。把它轉給彼岸之神的幻影，然

後彼岸之神大發慈悲，把一部分恩典還給人和大自然。」又說：
「一切宗教都不過是支配著人們日常生活的外部力量，在人們頭
腦中之幻想的反映。」

按馬克思、列寧和恩格斯的主張歸納起來，他們認為：「宗
教信仰和崇拜的對象都是幻想出來的東西，客觀上不存在。」佛
教的佛、道教的神仙、基督教的上帝、伊斯蘭教的真主，以及原
始宗教的神靈鬼怪、超自然的巫術力……統統都是「幻想的反映」
和「顛倒了的世界觀」。所以說：共產主義者都是唯物論的不信
神之無神論者（atheism），是不信仰宗教的。

宗教的起源

宗教的發生和發展，可謂歷史進化過程中的文化現象。若以
廣義的宗教而言，它的歷史可與人類的歷史相比，根據考古學家
和人類學家研究得知，早在史前的遠古時代就有宗教的痕跡了。
有關人類宗教活動的遺跡，最早可追溯到幾萬年前。

關於宗教起源的理論，有下列幾種說法：

一、自然崇拜

被譽為宗教學之祖的繆勒（F. M. Muller）研究古代印度的宗
教，發現原始宗教（Primitive religion）最早的形式都是來自自然
神話的自然崇拜。尤其是對日、月、星辰的神話。亦即：自然力
和自然現象人格化的神話（Myth），例如：雷公、電母、風神、
雨師的神話等。

二、咒物崇拜

法國學者布羅斯（Charles de Brosses）發現非洲西部 Negro 黑人有崇拜牙齒、指甲、木片、貝殼等庶物。古埃及也有對實物敬禮祭祀等儀式的咒物崇拜（fetishism 或稱 fetish-worship）。將實物人格化、神靈化而拜之。在蘇聯有些學者就把拜物教視為人類最早的宗教形式。

三、汎靈崇拜

泰勒（E. B. Tylor）在其「原始文化」書中，創立了宗教起源於萬物有靈論（animism）的學說，認為在祖先崇拜、咒物崇拜和自然崇拜之前已有萬物有靈的崇拜現象；因此認為萬物有靈的汎靈崇拜，乃是一切宗教的起源。

四、圖騰崇拜

主張圖騰崇拜（totemism）為一切宗教的起源。弗洛伊特的圖騰論認為它是一切文化道德和社會組織的起源。

五、祖先崇拜

相信祖先崇拜（ancestor-worsip）也是人類最早的宗教信仰活動，也是宗教的起源之一。

六、巫術論、巫力論

相信巫術論（Shamanism）先於萬物有靈論，主張巫術、巫力是宗教旳起源。

七、原始啟示說

泰勒的弟子安德烈‧蘭格所倡導，後來由威廉‧史米特創立了完備的「原始一神論」，謂「崇拜至上神的宗教才是真正的一神教」。

宗教的起源，答案並不是單一的選項，而有可能是複數或多數的項目皆是答案，學者和學說很多，本文僅簡述如上。

宗教與神聖，神明與精靈

絕大多數的宗教，對於信仰崇拜的對象，都稱之謂神，「神」是什麼呢？

「神者，天地之本，而為萬物之始也。」「天曰神，地曰祇。」又曰：「天地生萬物，物有主之者曰神。」祭法曰：「山林川谷丘陵，能出雲為風雨，見怪物皆曰神。」（見＝現）

中國古典的神靈觀念，約有四重含義：一為天神或神靈；二為人死後的靈魂；三為人的意識或精神；四為萬物的奧妙和變化的原理。屈原的「楚辭‧九歌」中有：「身既死兮神以靈，子魂魄兮為鬼雄。」「荀子‧天論」有：「天職既立，天功既成，形具而神生。」「易‧繫辭上」：「陰陽不測之謂神。」其註曰：「神也者，變化之極，妙萬物而為言。」

提起神，就會想到人。神、人有何不同？神的形象如何？吾人通常將神設想為與人同形同性，甚至與人同樣，神亦有喜怒愛恨善惡的感情（人性化），宗教學上稱為「人格化」。不管是佛教的佛陀、菩薩、羅漢，道教的玉皇大帝、太上老君，猶太教的耶和華上帝，就是按照自己的形象造人，所以耶穌基督也具人的

形象。不管是那一種宗教，他們的神一定比人偉大、氣派、完美。人與神的關係，是宗教關係。人是信仰者、崇拜者，神是被信仰者、被崇拜者。人是宗教信仰和宗教崇拜的主體，神則是宗教信仰和宗教崇拜的對象——客體。

神是什麼？神與人的差異，是神的本領比人大，是超人的，是超自然力的。所謂「佛法無邊，神力無窮。」是也。人有生有死，神則永恒不滅，長生不死，宗教人認為神是超越自然力而不受限制的。

宗教的分類

宗教的分類方法有很多種：有一神教、有多神教、有單一神教、有泛神教、有二神教和最高神可輪流的交替神教等。

一個宗教之中，承認並崇拜多數神明的，就叫做多神教（polytheism）。例如：印度教、佛教、中國的道教、日本的神道教便是。

在眾多神明之中，所崇拜者僅集中在一尊神，其他的神明都配置在從屬的地位，這種宗教就叫做單一神教（Henotheism）。

只相信一神為唯一真神，而不承認有其他神明存在的宗教，就叫絕對唯一神教（monotheism）。

一神教又分為氏族部落的一神教（tribal mono- theism），和普遍的一神教（universal monotheism）的區別。前者是指部落社會內的一神教，例如古代的猶太教就是。後者是指跨越民族的差異，主張全世界所存在的惟一、獨一的一神教，例如：基督教和伊斯蘭教便是。

　　宗教由原始宗教的氏族宗教→部落宗教→進化成民族宗教
→國家宗教。再進步而跨越民族、國家即成為世界宗教。有自發
的宗教，也有人為的宗教（創始宗教）等。有按地理空間位置而
分為：

　　1. 近東宗教：包括猶太教、基督教、天主教、伊斯蘭教、
　　　 瑣羅亞斯德教和其他古代宗教。

　　2. 遠東宗教：包括中國的儒教、道教，日本的神道教，和
　　　 朝鮮的各種宗教，還有：日、韓的大乘佛教等。

　　3. 印度宗教：包括早期的婆羅門教、佛教、印度教、耆那
　　　 教、錫克教，和南亞的南傳佛教、小乘佛教等。

　　4. 非洲宗教：（除埃及古代宗教例外）黑非洲的民族宗教。

　　5. 美洲宗教：包括美洲、北美洲的印第安民族宗教。

　　6. 大洋洲宗教：包括澳洲、紐西蘭、大平洋群島的土著民
　　　 族宗教信仰。

　　還有按歷史時間順序而可分出：從傳統的一個舊宗教中分裂
而獨立出來的新興宗教；或者匯集好幾個宗教的優點而成立為一
個新形式的新興宗教，新興宗教太多了，說也說不完，在此從略。

　　台灣現有的宗教，在內政部核准立案或依法登記之團體，共
有二十五個宗教團體，臚列如下：

　　1. 道教，　　　　　　　　　2. 佛教，

　　3. 天主教，　　　　　　　　4. 基督教，

　　5. 回教，　　　　　　　　　6. 理教，

　　7. 軒轅教，　　　　　　　　8. 天理教，

　　9. 巴哈伊教（原大同教），　10. 一貫道，

　　11. 天帝教，　　　　　　　　12. 天德教，

13. 藏傳佛教，　　　　　　14. 摩門教，
15. 統一教，　　　　　　　16. 真光教團，
17. 亥子道宗教，　　　　　18. 中國儒教會，
19. 大易教，　　　　　　　20. 彌勒大道，
21. 中華聖教，　　　　　　22. 宇宙彌勒皇教，
23. 先天救教，　　　　　　24. 黃中，
25. 山達基宗教。

佛教史上「三武一宗」的滅佛事件

三教鬥爭與排佛運動

中國歷代的帝王，普遍重視儒家的思想，宮廷廟堂因實際的需要而利用宗教。各教的發展，相對的穩定。但是，道教和佛教競爭，雙方勢力的消長，對政局影響甚大。

南北朝時代（西元 420 至 589 年，東晉末期）

北魏太武帝於西元 440 年，改元「太平真君」，任用了崔浩，奉行寇謙之的天師道，限制沙門佛教，徵兵僧侶。西元 446 年太武帝至長安，發現佛寺內藏有武器、財物和婦女，遂從崔浩的建議，謂「承天之緒，欲除偽定真，復羲農之治。」遂下詔令，魏境悉坑沙門，破壞佛像胡經。道教領首寇謙之，反對誅殺沙門，毀滅佛教。與太子晃監國，緩宣詔書，沙門因此多得逃亡藏匿，經像得部分隱藏。這一段毀佛的行動，直接的後果便是：促使中國佛教增加了末法意識，直接、間接的驅使佛徒僧侶大批南下。

北魏文帝（西元 452 至 465 年）復興佛教，用曇曜為沙門都統。他奉令鑄造釋迦佛祖直立的金像（註[1]），高達一丈六尺，用赤金二十五萬斤。開鑿雲岡石窟，建「僧祇戶」和「佛圖戶」，

---

[1] 所謂金像、赤金，都是指「金屬物」而言。中國所說「五金」，實則指金銀銅鐵錫的金屬類。若說「純金」即說「黃金」也。金像、赤金應為青銅、黃銅、赤銅合鐵的金屬銅像也。

增強佛教的經濟實力和社會作用，促使佛教愈益發展，更把僧尼推上穩固的特權地位。及至北魏遷都洛陽。

佛教的發展到了濫無限度的地步，自魏孝文帝至宣武帝的四十餘年間，沙門聚眾謀反者八次，均遭鎮壓。

魏孝文帝曾詔令道士姜斌與僧曇無最辯論，姜斌論敗。帝欲加以極刑，後經沙門菩提流支苦諫乃止。在北齊，仍有佛、道繼續論爭，至周而演化為第二次的毀佛事件。

北周武帝最重儒術，而道家與儒家都傳自華夏文化。不久前魏太武帝曾經斥責佛教為「西戎虛誕，妄生妖孽」，周武帝也恥同五胡，責佛法為「非正教」。

建德六年（西元 577 年）周武帝又鑑於供養佛教，費財傷民，聽信道士張賓對道教的弘揚，和衛元嵩對佛教的抨擊，謂「唐虞無佛圖而國安，齊梁有佛舍祚失……」，而有疑於佛教，遂以佛教悖逆不孝為名，正式宣布毀法。名僧慧遠（淨影）、前釋任道林等面爭無效，遂於北周全境內，掃盡官私所造一切佛塔，融刮聖容，焚燒經典。「八州寺廟出四萬，盡賜王公，充為宅第，三方釋子減為三百餘萬，皆復軍民，還歸編戶。」道教也同時受到一些破壞，唯有儒教的六經獨被存立。

周武帝的毀佛，為時雖然極短，但其打擊卻很酷烈，比魏太武帝的第一次毀佛更甚。僧尼逃匿山林，與北魏以來的流民合流，成了後世──隋代的重大社會問題。

南朝的佛教自慧遠與王者抗禮以來，到了梁武帝（502-547）時，致敬僧侶，捨身入寺。前後四次捨身同泰寺，又令臣下，以億萬錢奉贖。施捨財物，動輒以千萬計。他所建諸大寺院，立高一丈八尺的大佛像，富麗宏偉。他所建立的寺院有兩千八百四十

六所，僧尼有八萬二千七百多人，梁武帝時代的佛教，達到極盛。

唐朝排佛

唐朝武德四年（西元 621 年）太使令傅奕上表斥佛，指責佛教：「剝削民財，割截國貯」，「軍民逃役，剃髮隱中，不事二親，專行十惡。」高祖李淵暫時擱置。

武德七年（西元 624 年）傅奕再次上疏曰：「佛在西域，言妖路遠，漢譯胡書，恣其假托。故使不忠不孝，削髮而揖君親，游手游食，易服以逃租賦。演其妖書，述其邪法，偽啟三塗，謬張六道，恐嚇愚夫，詐欺庸品。」堅請罷除罷廢。唐高祖幸國學釋奠，令三教談論，高祖指命：「博士徐曠講習『孝經』，沙門慧乘講『心經』，道士劉進喜講『老子』。博士陸德明隨方立義，遍析其要。帝說曰：「三人者誠辯矣，然德明一舉則蔽。」所謂德明一舉則蔽，就是以儒家學說，統率佛、道思想，使之符合封建統治之需要（此「三教討論」方式，唐朝歷代普遍採納）。

武德八年（西元 625 年）唐高祖詔述三教先後，曰：「老教、孔教，此土之基。釋教後興，宜崇客禮。今可老先，次孔，末後釋宗。」

貞觀八年（西元 634 年），文德皇后更對太子說：「道、釋異端之教，蠹國病民，皆上所不為。」

元和十四年（西元 819 年）唐憲宗敕從鳳翔法門寺迎佛骨。韓愈以儒家立場出發而堅決反對。他認為佛教只是夷狄之法：「口不言先王之法言，身不服先王之法服，不知君臣之義，父子之情。」因此斷然提出：「以此骨（佛骨）付之有司，投諸水火，永絕根

本，斷天下之疑，絕後代之惑。」

※　佛教提倡出家，出世主義，否定國家至上觀念，違背忠君孝親的倫常和孔孟之道。韓愈因為「諫迎佛骨表」而受到流放處分，被左遷到天邊海角的廣東潮州去。

唐武宗會昌年間，在廢佛教書中說：「洎於九州山原，兩京城闕，僧徒日廣，佛寺日崇，勞人力於土木之功，奪人利於金寶之飾，遺君親於師資之際，違配偶於戒律之間。壞法害人，無逾此道。且一夫不田，有受其餓者，一婦不蠶，有受其寒者。今天下僧尼不可勝數，皆待農而食，待蠶而衣。寺宇招提，莫知紀極。皆雲構藻飾，僭擬宮居。晉宋梁齊，物力凋瘵，風俗澆詐，莫不由是而致也。」

會昌四年（西元 844 年）唐武宗敕令拆毀沒有敕額的一切寺院、蘭若、佛堂等，其僧尼全部敕令還俗。

會昌五年，滅佛運動達到高潮。八月，宣布滅佛結果；「拆寺四千六百餘所，還俗僧尼二十六萬五百餘人。拆招提（佛堂）、蘭若（寺院）四萬餘所，收膏腴上田數千萬頃，收奴婢為兩稅戶十五萬人。」勒令大秦寺穆護（波斯教僧侶）「妖三千餘人還俗」。

佛教傳進中國，就被當作方外之賓，免除了一切世俗國民的義務，尤其是兵役、勞役和賦稅。逃避役賦，使僧侶不斷增加，並與皇權國家發生矛盾。史上沙汰沙門和毀佛滅法事件，都植根於此。隋唐時代崇佛，僧侶權勢薰天，富貴安適，優裕生活，令人目眩心醉，以致有「選官不如選佛」的諺語。

一個名叫懷信的和尚作了「釋門自鏡錄」，示其優裕生活，

說：「……至於逍遙廣廈，顧步芳蔭，體安輕軟，身居閑逸。星光未旦，十利之精饌已陳；日彩方中，三德之珍仁饈總萃。不知耕獲之頓弊，不識鼎飪之劬勞。……若乃悠悠四俗，茫茫九士，誰家非我之倉儲，何人非余之子弟？……盱衡廣殿，策杖閑庭，曳履清淡，披襟閑謔，避寒暑，擇甘辛，呵斥童稚，徵求捧汲……」

五代後周限佛

西元 951 年，郭威建國，國號周，隨後即著手改革佛教政策。廣順三年（西元 953 年），柴榮以開封府尹兼功德使而受封為晉王，兼管僧侶道士，執掌出家、度牒、試經等事。同年廢止都城開封府無敕額僧尼寺院五十八所。翌年（西元 954 年），柴榮繼位，國名後周，帝號世宗，年號顯德元年。

周世宗在擊退北漢劉崇和契丹聯合進攻的同時，為了國防兵役及經濟稅源的需要，對佛教採取壓縮與限制政策，於顯德二年（西元 955 年）詔令禁止私度僧尼，嚴禁奴婢、奸人、惡黨、細作、賊徒等出家，違者嚴重懲罰。廢除所有無敕額（未經政府許可）寺院，並不許再建任何寺院、蘭若（佛舍），鼓勵僧尼返俗。

佛教史上有「三武一宗」滅佛之說，正確的說法，周世宗是限制佛教、整頓佛教而非毀滅佛教。禁限之結果為：「尚存寺院凡 2,694 所，廢 30,336 所，僧尼繫籍者 61,200 人。比唐武宗會昌毀佛時廢寺院 44,600 所，要少一萬餘所。周世宗為有作為的君主，他從儒家的宗法倫理，廢除淫祠。

無神論者的說法

　　無神論（Atheism）一詞的內容，就其概念定義而言，是複雜而又有多樣性，故而極為曖昧的，然而，總的說來：所謂無神論，就是從哲學上以及宗教上的立場，否定神的存在的意思。

　　否定神的存在，有各種立場，茲分述如下：一、從感覺論的立場：即以感覺為認識的唯一絕對的根據，不容許以超感覺的實在而容認神的存在。二、從實證論的立場：除了真實的現象以外，不容許任何形而上學的存在物。三、從懷疑論的立場：亦即否定一切的普遍妥當性而僅注重於感覺的相對論者。四、以自然主義為基調的唯物論（Materialism）的立場：此可分為二說：其一為自然科學的唯物論；其二為辯證法的唯物論。其一例如：拉・梅特利（La Mettrie）[1]和霍克爾（Haeckel）[2]等生物學無神論。其二例如：馬克思主義哲學的基礎是唯物論，而唯物論當然歸結的一個局面便是無神論了。「神以近似自己的形體而造人」是傳統的觀念。人性主義的唯物論者費爾巴哈（d'Holbach）[3]也是無神論者，他以革命的命題出發而打破傳統的觀念說：「人以近似自己

---

[1]　拉・梅特利（La Mettrie, 1709-1751），法國醫學家、哲學家。

[2]　霍克爾（Haeckel, E. Heinrich, 1834-1919），生於波茲坦，在柏林學醫，德國自然哲學家，樹立自然科學的一元論者。

[3]　費爾巴哈（d'Holbach, 1723-1789，為法語讀音，又譯：霍爾巴赫，德語讀音：德爾巴克），德國貴族出身，法國啟蒙期哲學家、百科全書派、多產作家，著有「無神論或唯物論聖書」等，終身定居法國巴黎。

的形體而造神。」對馬克思、列寧的唯物論者而言：那就更進展而加入政治意味了。

除此以外，依據對於「神」的定義之差別，在歷史上有許多是屬無神論的，但卻也是屬有神論的思想宗教。例如：斯賓諾沙的汎神論，把自然看做是「神」，故而認定為「神」是存在的。為何如此曖昧？因為在那個政教合一的時代和國度裡，膽敢主張「無神論」者，是會受處罰的，會被判刑的。甲的神，乙卻否定祂；丙的正教，丁卻認為是邪教。在當時那種時空背景下，要為「無神論」的真正意思、內容下定義，幾乎是不可能（因需冒生命的危險），故而極為困難的。從宗教、哲學上否定神的存在，就是無神論（Atheism）。從感覺論到自然主義，懷疑論和實證主義，大都是無神論的，而最徹底的就是唯物論。

有哲學始祖之譽的泰利士（Thales）[4]認為：世界萬物的本源和原因，不是任何超自然的神。而是自然本身，神奇事物都是自然的物質之東西，萬物都是由水、氣、土、種子、原子……所形成的。初期希臘的哲學者大多是自然主義者，所以都否定神的存在。

阿那克沙哥拉斯（Anaxagoras）[5]倡說二元論，他認為太陽也是由物質所形成的，因而被指責為無神論者。

---

[4]　泰利士（Thales, 624-547 BC），希臘最初的哲學家、天文學家、數學（幾何）學家。

[5]　阿那克沙哥拉斯（Anaxagoras, 500-428 BC），希臘哲學家、自然哲學家，倡說二元論、無神論者。

雷莫克里特斯（Demokritos）[6]倡說原子唯物論，主張自然主義機械論，倡說一元論，因而也被認為是無神論者。

蘇格拉底（Sokrates）[7]被當局冠以「否定神明，不敬神明」的罪名而被判處死刑。他的弟子柏拉圖（Platon）[8]、柏拉圖的弟子亞里斯多德（Aristotle）[9]，都受到蘇格拉底嚴格邏輯推論的影響，因而創設了「生物學」和「倫理學」等。

被譽為希臘文法創造者的普羅達哥拉斯（Protagoras）[10]，在「關於眾神」書中說：「神，到底是有或沒有？姿態又如何？」神的存在是不可知的說法，哲學上稱為不可知論（Agnosticism）。

休謨（Hume）[11]是英國懷疑論者，在哲學上自稱為「溫和的懷疑主義者」，他用哲學上的不可知論，劃分宗教與科學的範圍，使之各得其所，和平相處，巧使科學為神學服務。

哥白尼（Copernicus）[12]是波蘭偉大的天文學家、神學家、醫學家等，他著有「關於天體迴轉」，首論太陽中心說，地球自轉、

---

[6] 雷莫克里特斯（Demokritos, 460-370 BC），倡說原子論、一元論、自然機械論、意識唯物論。

[7] 蘇格拉底（Sokrates, 469-399 BC），古希臘哲學家，他善以問答法（愛之術 Erotik）啟發他人自覺。

[8] 柏拉圖（Platon, 427-349 BC），希臘貴族出身，師事蘇格拉底 8 年，觀念論哲學家，著「共和國」等。

[9] 亞里斯多德（Aristotle, 381-322 BC），師事柏拉圖 20 年，被譽為科學之父，著作極多：形而上學、動物學等。

[10] 普羅達哥拉斯（Protagoras, 490-420 BC），他著有「依法的社會契約說」、「關於眾神」等。

[11] 休姆（D. Hume, 1711-1776），英國懷疑論者、哲學家。

[12] 哥白尼（Nicolaus Copernicus, 1473-1543），波蘭（德國）偉大天文學家、數學家，著有「關於天體迴轉」等多種學說，確立近代天文學基礎。

公轉的地動說。他的思想是反中世紀神學與科學的第一大對陣。從前各宗教都說他們的至上神、主神或上帝創造了天地萬物和人類，哥白尼從科學上推翻了上帝創世說和神學目的論的世界觀，得出科學和無神論的結論。

笛卡爾（Descartes）[13]是法國哲學家、數學家，被譽為近世哲學之祖。他認為無限之多的世界也是由物質構成的。他從世界物質統一性的原理，從理論上否定了非物質的神靈世界，否定了上帝的存在。他說哲學的「根」是形而上學，「幹」是自然學，「枝」是機械學、醫學、道德學。他曾說過一句名言：「我思，故我在。（Cogito ergo sum.）」

康德（Kant）[14]是德國的哲學家，他從哲學的認識論上否定了上帝的存在，也否認靈魂不死之類基本神學信條的可證明性，予傳統宗教神學以沈重的打擊。他在「批判哲學」裡，既反對與宗教關係密切的唯心論（Spiritualism），也反對反宗教的唯物論，既反對宗教神學，也反對無神論和懷疑主義。

培根（Bacon）[15]是英國自然主義哲學家、政治家和作家，也是唯物主義的無神論者。

霍布斯（Hobbes）[16]也是英國哲學家、政治思想家。他主張自然法的國家觀，謂「神學為物體對象，故不在其體系內。」是唯物主義機械論的無神論者。他認為所有存在的一切都是物體，一切事物皆是運動，哲學即是物體及運動之學。

---

[13] 笛卡爾（Rene Decartes, 1596-1650），法國哲學家。
[14] 康德（Immanuel Kant, 1724-1804），德國無神論哲學家。
[15] 培根（Francis Bacon, 1561-1626），英國哲學家、政治家。
[16] 霍布斯（Thomas Hobbes, 1588-1679），英國哲學家、政治家。

拉‧梅特利（La Mettrie）是法國啟蒙思潮初期的唯物論哲學家、醫學家。曾留學德國習醫，回國後任外科醫師。他發現心理諸現象乃是由於腦髓及神經系統的生物學的變化所引起，出版有「靈魂的自然科學說明」，達到了唯物論的結論。

拉‧梅特利說：「靈魂只是肉體的生理學的一部分，與肉體的死滅同時滅亡。」他倡說無神論而遭到激烈的迫害，遂逃亡到德國柏林，幸蒙德王的知遇而擔任御醫及講師。

達爾文（Darwin）[17]是英國的生物學家，他在西元 1859 年發表「物種起源」。「人類的由來」卻因為憚懼世人的抨擊而延到西元 1871 年才發表。他在生物進化論云：「人類是猴子的後代，是經由進化才變成人類的。」此說否定了宗教神學的上帝創世說，雖然用生物進化做比喻，卻是對宗教、神學以致命的打擊。

馬克思（Marx）[18]與恩格斯（Engels）[19]的辯證法唯物論，最是無神論的。他們兩人都是接受了達爾文的學說——物競天擇和進化論，他倆認為：教會僧侶與封建貴族都是居於統治地位的剝削階級，而宗教是維護一切壓搾制度最好的精神支柱。另方面是由於信徒大眾的無知所致！救濟之道，有賴啟蒙教育。

---

[17] 達爾文（Charles Robert Darwin, 1809-1882），英國生物學家，著「進化論」。主張物種起源，物競天擇……。

[18] 馬克思（Marx, Karl Heinrich, 1818-1883），德國猶太人，十九世紀最著名思想家之一，著有「唯物論」、「辯證法」、「社會主義階級鬥爭論」、「剩餘價值論」等，無產階級革命家。共產主義的原祖。

[19] 恩格斯（Engels Friedrich, 1820-1895），德國社會主義者，協助馬克斯生計，共著「政治經濟評論」，西元 1870 年移居英國，為馬克斯整理遺稿，出版「資本論」第 2、3 卷。

　　摩西說他在西奈山上親見上帝並面授誡命，先知以西結說他看見天開之後，出現上帝的異象，耶和華之靈降到他的身上。摩西開始傳教授徒，於是他創造了猶太教。

　　耶穌在約旦河中受洗，上岸後眼見天忽然裂開，有聖靈像鴿子降臨在他身上。他聽到天上的聲音說，他是上帝的獨子。耶和華從此以後開始傳教，於是他創造了基督教。

　　穆罕默德說他在四十歲時去希拉山洞裡靜思，聽到大天使迦百利向他傳達真主阿拉啟示的聲音。之後又不斷地接受這種神聖體驗，於是傳達了真主阿拉的伊斯蘭教。歐洲中世紀文藝復興期的啟蒙時代，就曾經有許多次公開的把摩西、耶穌和穆罕默德，批評為「三大騙子」。（「三大騙子」說：引自《宗教學通論》第一編第三章第一節頁 302，呂大吉編）

　　斯賓諾沙（Spinoza）[20]是荷蘭汎神論的自然主義者，他認為西方信仰的上帝就是自然，因而觸怒了天主教和猶太教，說他是無神論者，慘遭同族的猶太人把他驅逐出阿姆斯特丹。德國人本主義無神論者的費爾巴哈（d'Holbach）認為：宗教奇蹟或神跡在本質上都是個人主觀幻想的產物──是一種人為的謊言和欺騙。

　　中國歷史上也有「無神論者」，也有「唯物主義哲學家」的。他們對於宗教的「靈魂不滅說」，作了持久而嚴厲有力的批判，例如：後漢時代唯物主義哲學家王充，和南北朝齊梁時代傑出的無神論思想家范縝。

20　斯賓諾沙（Spinoza Benedictus, 1632-1677），荷蘭猶太人，自然主義唯物論無神論著。

　　王充是後漢會稽上虞人，字仲任，著有「論衡」及「藝增篇」等，他堅決反對靈魂或精神能獨立於身體之外。他說：「形須氣而成，氣須形而知。天下無獨燃之火，世間安得無體獨知之精。」（論衡·論死）既然神（靈魂）不能獨立於形（身體）外，當然也就隨身體的死亡而死亡了！

　　基於這個觀點，他反對鬼魂的存在，他說：「人之所以生者精氣也……能為精神者，血脈也；人死血脈竭，竭而精氣滅，滅而形體朽，朽而成灰土，何用為鬼？」

　　南北朝齊梁時代的范縝，他主張說：「形神相即」、「形質相用」，即人的神（靈魂）與人的形（身體）永遠結合在一起，不可分離。身體是本質，是實體；而神只是形的作用和機能。「形稱其質，神言其用」，若沒有體或質，它的作用和機能又如何以表現其存在呢？范縝作出了神滅的論證說：「形存則神存，形謝則神滅。」一旦形體死亡，精神或靈魂也隨之消滅。

　　若神棍混成法師，遇到無知的信眾施主，這正是啟蒙思潮時所謂的：騙子遇到傻子，瘋子碰到凱子的公式。古早（古代）台灣俚語說「牛鼻遇著賊手」，合該破財！欲消災，變招災。何苦來哉？！固然，宗教信仰是自由，宗教的社會功能有其存在的價值或必要，但應該僅止於「正信而不可迷信，正常而不可反常。」鑑於台灣社會迷信病態的嚴重，真令人憂心如焚！產官學界和媒體的高層人士，不作不良示範和不炒作新聞，則萬民幸甚！

儒家、儒教與宗教

儒家是什麼？儒家是儒教嗎？儒教是不是宗教？

儒是什麼？漢書司馬相如傳注：「凡有道術者皆為儒。」儒者，有道之士也。儒者孔子之道也。儒，有懦弱之意。

儒家是什麼呢？漢書藝文志註：「儒家者流，蓋出於司徒之官，助人君順陰陽，明教化者也。游文於六經之中。留意於仁義之際，祖述堯舜，憲章文武，宗師仲尼，以重其言，以道最高。」又，儒家，古九流之一。所謂九流，即儒家、道家、陰陽家、法家、名家、墨家、縱橫家、雜家、農家等是也。是指中國古代學術思想的九個學派也。後世每稱宗尚孔子之學說與性理之學者為儒家。

儒家之道術與學說之淵源為何？孔子集堯、舜、禹、湯、文、武、周公等道德觀念之大成，提倡先王之道，以詩、書、易、禮、樂、春秋之六經，以論語、孟子、大學、中庸之四書，教人修身、齊家、治國、平天下之道；又教人仁、義、禮、智、信與忠恕之道等。西方人把孔子的思想稱之為 Confucianism，而後人即稱之謂：孔子教或儒教。

論語・述而篇：「子不語怪、力、亂、神。」有人據此而論，說孔子不談鬼神，所以儒家不是宗教。儒家的學說初期不是宗教，但卻有神學的內容。商周時代，以天為大，以天為神、為帝。論語・泰伯篇：「巍巍乎唯天為大，唯堯則之。」論語・陽貨篇又說：「天何言哉，四時行焉，百物生焉。」孟子・萬章上篇解

曰：「天不言，以行與事示之而已矣。」又說：「死生有命，富貴在天。」論語・顏淵篇：「上律天時，下襲水土……萬物並育而不相害，道並行而不相悖。小德川流，大德敦化，此天地之所以為大也。」孔子並不否認神之存在，他說：「祭如在，祭神如神在。」論語・八佾篇又有言：「未能事人，焉能事鬼。」論語・先進篇：「……未知生，焉知死。」於此可知，孔子談鬼神，也談生死。孟子・盡心篇：「盡其心者知其性也，知其性則知天矣。存其心，養其性，所以事天也。」詩經：「天生烝民，有物有則，民之秉彝，好是懿德。」禮表記：「殷人尊神，率民以事神……周人尊禮尚施，事鬼神而遠之。」

中庸・十六章，子曰：「鬼神之為德，其盛矣乎！視之而弗見。聽之而弗聞，體物而不可遺。使天下之人，齊明盛服，以承祭祀，洋洋乎如在其上，如在其左右。」中庸・二十二章論：「至誠能盡人性，物之性；可以贊天地之化育，則可以與天地參矣。」與天地參，正合印度教的「梵我一如」，也正是道教、儒教所說的「天人合一」。以上所說的，正是儒教的天命鬼神觀念，都具有宗教與神學的內容。

曾子解釋忠恕，以忠恕為人道之通則。新儒教常用子曰：「吾道一以貫之。」以孔子言儒家所傳之道理是是一貫的。

漢武帝於建元五年（西元前一三六年）採董仲舒獻策，設五經博士，以儒教為國教，指令府、縣建造孔廟，官廳祭孔，百姓祭祖。後世乃以儒取士，延用至清朝末年。儒家對中國政治、教育、倫理道德之教化影響，既廣泛又深遠，韋政通在其「中國文化概論」中，便以這個觀點來肯定儒家是一種宗教——中國式的宗教。

　　西方學者休斯頓・史密士（Smith Huston）著有「人的宗教」（有中文譯本），他在「儒家」篇中也討論到：「儒家是倫理或是宗教？」他說答案要看如何定義宗教。又說：如果從最廣義來看，以宗教為（環繞著一群人的終極關懷所編織成的一種生活方式，儒家顯然夠資格算是宗教。就算宗教是採取一個比較狹窄的意義是指關懷人與其存在的超越基礎的結盟，儒家仍然是一種宗教，縱使它是一種緘默的宗教。

　　中國在民國初年，新派人士吳虞、陳獨秀等抨擊孔教，說要打倒孔家店。近世亦有主張儒家不是宗教的，那是西方某些基督宗教傳教士。如此說法的動機：可能他們認為儒家若是宗教，那麼基督教在中國傳教便要多一層障礙，清朝初期，羅馬天主教教廷曾要中國教區神父，禁止中國教徒祭孔祀祖，引起大風波，清帝因而要禁止他們在中國傳教。

　　儒教是否可算是宗教？本書謹作介紹，不作結論，請讀者諸君不由他人做決定，就由您自己作結論吧！

參考書目

1. 21 世紀宗教（M. Pat Fisher 著，尤淑雅譯）。

2. 人的宗教（Huston Smith 著，劉安雲譯，立緒出版）。

3. 大日本百科全書（日文，實習學會編輯所編纂）。

4. 世界大百科事典（日文：平凡社）。

5. 日本世界大百科全書。

6. 老子道德經讀本（三民書局出版）。

7. 佛教史（曉園出版社出版）。

8. 佛教史（杜繼文・任繼愈編著）。

9. 宗教と民間信仰（アジア文化，綜合研究所出版）。

10. 宗教百科（日文，池田書店）。

11. 宗教學（許大同，五洲出版社）。

12. 宗教學通論（呂大吉主編）。

13. 宗教簡介（內政部編印）。

14. 莊子（三民書局出版）。

15. 現代宗教用語の解說（日文，脇本平也教授）。

16. 探討台灣民間信仰（董芳苑，常民文化出版）。

17. 華夏諸神——佛教卷（馬書田，雲龍出版社）。

18. 搜神記（晉・干寶撰，里仁書局印行）。

19. 無生老母信仰溯源（鄭志明，南華管理學院）。

20. 道教の本（日文，學習研究社）。

21. 道教卷（馬書田，雲龍出版社）。

22. 道教簡史（李養生，中國道教學院編印）。

23. 台灣民間宗教結社（鄭志明，南華管理學院）。

24. 台灣民間信仰神明大圖鑑（林進源主編）。

25. 台灣民間信仰論集（劉枝萬，聯經出版）。

26. 台灣宗教（高賢治主編，眾文圖書出版）。

27. 台灣宗教と迷信陋習（曾景來，台灣宗教研究會）。

28. 台灣宗教閱覽（李世偉主編，博揚文化出版）。

29. 台灣的祠祀與宗教（蔡相輝，臺原出版社）。

30. 台灣省通志稿・宗教篇（台灣省文獻會編）。

31. 台灣風俗誌・第十一集台灣宗教（日文，片岡巖）。

32. 環華百科全書。

33. 世界の宗教・101 の謎。

34. 世界の宗教・總解說・自由國民社。

哲學宗教類　PA0020

世界宗教大觀

作　　者 / 陳國典
責任編輯 / 賴敬暉
圖文排版 / 郭雅雯
封面設計 / 李孟瑾

發 行 人 / 宋政坤
法律顧問 / 毛國樑　律師
印製出版 / 秀威資訊科技股份有限公司
　　　　　114 台北市內湖區瑞光路 76 巷 65 號 1 樓
　　　　　電話：+886-2-2796-3638　傳真：+886-2-2796-1377
　　　　　http://www.showwe.com.tw
劃撥帳號 / 19563868　戶名：秀威資訊科技股份有限公司
　　　　　讀者服務信箱：service@showwe.com.tw
展售門市 / 國家書店（松江門市）
　　　　　104 台北市中山區松江路 209 號 1 樓
　　　　　電話：+886-2-2518-0207　傳真：+886-2-2518-0778
網路訂購 / 秀威網路書店：http://www.bodbooks.tw
　　　　　國家網路書店：http://www.govbooks.com.tw
圖書經銷 / 紅螞蟻圖書有限公司
　　　　　114 台北市內湖區舊宗路二段 121 巷 28、32 號 4 樓
　　　　　電話：+886-2-2795-3656　傳真：+886-2-2795-4100

2007 年 11 月 BOD 一版
定價：230 元

國家圖書館出版品預行編目

世界宗教大觀 / 陳國典著.
  -- 一版. -- 臺北市：秀威資訊科技, 2007.10
    面 ；　公分. -- (哲學宗教 ；PA0020)
  參考書目：面
  ISBN 978-986-6732-20-1(平裝)

  1. 宗教

209   96019103

讀 者 回 函 卡

感謝您購買本書，為提升服務品質，請填妥以下資料，將讀者回函卡直接寄回或傳真本公司，收到您的寶貴意見後，我們會收藏記錄及檢討，謝謝！如您需要了解本公司最新出版書目、購書優惠或企劃活動，歡迎您上網查詢或下載相關資料：http:// www.showwe.com.tw

您購買的書名：_____

出生日期：_____年_____月_____日

學歷：□高中 (含) 以下　　□大專　　□研究所 (含) 以上

職業：□製造業　□金融業　□資訊業　□軍警　□傳播業　□自由業
　　　□服務業　□公務員　□教職　　□學生　□家管　□其它____

購書地點：□網路書店　□實體書店　□書展　□郵購　□贈閱　□其他

您從何得知本書的消息？

　□網路書店　□實體書店　□網路搜尋　□電子報　□書訊　□雜誌

　□傳播媒體　□親友推薦　□網站推薦　□部落格　□其他_____

您對本書的評價：（請填代號　1.非常滿意　2.滿意　3.尚可　4.再改進）

　　封面設計____　版面編排____　內容____　文／譯筆____　價格____

讀完書後您覺得：

　□很有收穫　□有收穫　□收穫不多　□沒收穫

對我們的建議：_____

_____

_____

_____

··

（請沿線對折寄回，謝謝！）

姓　　名：＿＿＿＿＿＿＿＿　年齡：＿＿＿＿　性別：□女　□男

郵遞區號：□□□□□

地　　址：＿＿＿＿＿＿＿＿＿＿＿＿＿＿＿＿＿＿

聯絡電話：(日) ＿＿＿＿＿＿＿＿＿　(夜) ＿＿＿＿＿＿＿＿＿

E-mail：＿＿＿＿＿＿＿＿＿＿＿＿＿＿＿＿＿＿